Burn for Christ
just Don't Burn out

为主 燃烧

袁奇恩（Chi Eng Yuan）著

但不要烧成

灰烬

为主燃烧，但不要烧成灰烬

作　者　袁奇恩（Chi Eng Yuan）
编　辑　赵　然
出版者　忠信出版社
ISBN　978-1-958708-18-7
电子书 ISBN　978-1-958708-19-4

送给

我亲爱敬虔的妻子

家珊（Kar-Shan）

结婚三十周年纪念礼物

2012 年 3 月 27 日

袁奇恩博士的《为主燃烧，但不要烧成灰烬》提供了一些关于倦怠的圣经例子，提出了各种不同的导致倦怠的原因，并采取预防措施来避免精疲力竭——或者在它发生的时候治愈它。牧师会在书中的很多地方看到他们自己。我推荐这本书中所提供的有用的方法和建议。

——大卫·奥斯本博士（Dr. David Osborn），美国科罗拉多州丹佛神学院基督教领导力高级教授

本书讲的是信徒如何为基督发热心、燃烧自己，其中涵盖了一生侍奉主所需要知道的所有要点，也讲到了信徒的身心如何才能不至消耗殆尽以致半途而废。本书既全面又包容，既符合圣经，又很实用，是维持牧者生命必不可少的"属灵维生素"，内容包括了灵性、能力、休息、冲突管理、文化适应和亲密伙伴等方面。

——查克·罗普博士（Dr. Chuck Raup）

作者作了充分的研究，并给出了许多圣经中的例子。本书语言清晰，实用性强。袁博士在书中分析了教牧人员身心耗竭的现象，也提出了解决的具体建议，对我们很有帮助。本书不仅值得牧者阅读，也值得其他正在侍奉的基督徒阅读。

——肯·斯威特兰（Ken Swetland），戈登·康威尔神学院高级教授

袁博士非常关切牧者当中极为常见的身心耗竭的现象，并坦率地指出了问题的所在。他经过彻底的研究，帮助我们智慧地解决了这个问题。他以坚实的圣经真理，教导我们如何建立健康的属灵关系，如何在不同的生活环境中靠神得力。本书如侍奉路上的一盏明灯，使人充满力量和喜乐，是一本值得反复阅读的好书。

——布伦达·奎因（Brenda Quinn），

永生之道团契属灵造就牧师

前　言

　　要写一本为主燃烧但不要烧成灰烬的书，袁奇恩博士是不二人选。他是第一代移民美国的华人，一生大部分时间都在北美侍奉，主要服侍当地的华人教会。我第一次见他是在三十年前，那时我刚开始在丹佛神学院（Denver Seminary）任教，他是一名神学新生，而我是个年轻教师。此后他一直在丹佛的华人教会忠心侍奉，我也曾有幸去讲过道。然而，有一天，他的身心却耗竭了。和任何服侍其他人群的牧师一样，他也做了许多善工。这种既能造就自己，又能帮助到别人的服侍，谁会拒绝呢？但如此的挑战乃是一生之久，现今，我们身心耗竭的人数似乎又创了新高。

　　袁博士本可以放弃侍奉的工作，和许多其他人一样离弃呼召，找一份世俗工作，赚的钱比过去一切的侍奉都要多。但他有一位了不起的妻子家珊（Kar-shan）一直伴随着他，而在类似的情况下，很多婚姻早就以破裂收场了。他同时也得到了教会同工和肢体们的帮助和建议，从侍奉中抽出时间来更新自己，恢复灵力、重整旗鼓，使他在之后的长时间里都充满了力量。后来，他再次进入丹佛神学院，完成了他的教牧学博士学位，并巩固了几年前完成的道学硕士课程。他深入研究了牧者侍奉

中身心耗竭的现象，尤其是在华人福音派基督教团体中，并发表了与此相关的论文。东亚文化中的某些特质可能会加剧这种耗竭，即使在文化的重压之下，人都不愿承认，仍故作坚强，甚至在灵性和心思早已不能专注时还是硬撑。袁博士坚决抵制了这些压力。

目前，他和妻子在北美和中国之间巡回布道、教学、提供咨询，激励牧者、同工和整个信徒群体。他的侍奉比以往更为平衡，也更有力量。他得到了比以往更多的意见和指导，同工团队也更完善，责任义务也更明确。本书是袁博士根据自身真实的经历写成，是完全可信的。

本书讲的是关于身心耗竭现象的基础知识，从中可以看出作者扎实的圣经知识和深入的神学思考。袁博士无需自证，也没有提出一种哲学思想，然后试图找出可能与之匹配的经文来加以论证。因为我是他教牧学博士论文的第二个读者，并负责监督他的圣经和神学研究，所以，我知道他是夜以继日地钻研圣经，而我又不止一次地让他回到圣经中作更加深入地钻研！袁博士自己也从未停止过对圣经的钻研。他常常思考，如何能让圣经原则应用在二十一世纪，应用在这个文化多元、复杂的世界中。

比较重要的一点是，本书与那些"治疗性写作"的书不同，目的不是让读者感到只需要简化，让生活轻松就行，而是让我们一如既往地竭力侍奉神，正如本书书名所说的，要为主燃烧。我们不是靠着蛮力做工，而是要更有智慧地调节做工与休息的节奏，根据不同的恩赐和处境来服侍和奉献。

因此，在这本宝贵的书中，读者将看不到任何步骤、公式或一个适合所有情况的统一模板来教你为主燃烧但不要烧成灰烬。你只能从书中的话语、原则、例证、建议中找答案，再将其应用到自己的处境中。你也必须倚靠神来领受这些敬虔的忠告，这样就不会缺少行动的具体方法和技巧了。本书适合所有的基督徒阅读。我们要感谢神的恩典，以欢喜、感恩的心来读这本书，并期待能更好、更竭力地侍奉神——这是指侍奉的质量，而非数量。谢谢你，奇恩，因你的爱心和劳苦，本书的研究成果才得以呈现在读者的面前，并帮助到他们。愿荣耀都归给神。

克雷格 L. 布隆博格（Craig L. Blomberg）
美国科罗拉多州利特尔顿丹佛神学院，著名新约教授

目 录

第一章 引言

欢迎你加入到这个行列，让我们重燃侍奉主的热情，摆脱重复地经历身心耗竭给我们带来的疲惫感。我亲身经历过身心耗竭，最后重新点燃了背起十字架、全心全意地跟随基督的热情。

你经历过身心耗竭吗？不只是你一个人。在过去的四十多年里，身心耗竭在牧师群体中成了一个通病。调查显示，身心耗竭与牧师离开侍奉岗位存在因果关系。盖瑞·麦金塔（Gary McIntosh）在《只有周一最难捱》（*It Only Hurts on Monday*）中引述了一个关于一群刚离开侍奉岗位的牧师们的调查，总结说他们当中有 40% 的人经历了某种形态的身心耗竭。柏克莱大学教授马勒诗（Christina Maslach）在《马勒诗职业倦怠普查表》（*Maslach Burnout Inventory Manual*）中提出身心耗竭的三个重要指标：一、情绪耗竭（emotional exhaustion），指因广泛地与人接触而引起的疲累；二、漠不关心（depersonalization），其特征是对别人变得冷漠、愤世嫉俗；三、缺乏个人成就感，其特征是对自己失去自信，不满于个人的成就。

基于马勒诗的定义，牧师经历的身心耗竭是一种感到疲惫和挫败的心态，由跟神、其他人和自己保持距离而引起，可从

越来越严重的情绪耗竭，越来越对会众漠不关心，越来越没有个人的成就感这几个方面看出来。

身心耗竭感是随着时间累积的，随之而来的可以有一系列的心理和生理症状。举例来说，美国福音派路德会最近的一个内部调查发现：69% 的牧者有体重过高的问题，64% 有高血压，13% 正在服用抗忧郁药。

身心耗竭不单是美国牧师群体的一个严重问题，世界其他地方的牧师群体也有同样的问题。在荷兰乌得勒支省教实用神学的讲师布劳威尔（Rein Brouwer）说："身心耗竭也是荷兰牧师的职业病。牧师面对过重的工作压力、组织上的冲突、缺乏支持，往往造成长期的工长压力和身心耗竭感。"

无论是任何种族或事工，没有任何牧师可幸免于身心耗竭的问题。举例来说，美国黑人牧师中有身心耗竭的问题，因为他们当中有很多人除了自己的公开事工外，往往把所有工作都一手包办，对会众则毫无要求。会众也乐于牧师的参与，但自己却没有感到需要在教会中侍奉。此外，很多美籍韩裔的牧师也因为一些不切实际的目标，在当了牧师不久后便陷入了困难。他们想努力达到一些几乎无法达成的抽象目标，这些目标往往很模糊，很难衡量。很多牧师竭尽全力地想实现他们的理想，但却感到无奈及挫败。他们往往只能看到一点进展，却无法达成理想。他们所感觉到的挫败感难免会导致身心耗竭的问题。

1. 身心耗竭的基本定义

我们讨论身心耗竭的问题，其起因和结果，必须先有一个有效的定义，萧费利（Wilmar Schaufeli）和莫尔德（Dirk Neumann）为我们提供了这样的一个定义：

> 身心耗竭是"正常人"经历的一个持续、消极、与工作有关的心态。其主要特征是疲累，还有感到苦恼、工作效率下降、缺乏动力，并在工作上表现出不正常的态度和行为。这些心理现象是渐发性的，可能当事人自己许久都没有察觉到。[1]

圣经以"心"来形容情感的所在。[2] 希伯来文的"心"是lēb，[3] 在旧约经文中出现超过八百次。[4] "心"是指"整个人的内心或非物质的本性，一般来说，包括了传统上所认为的一个

---

[1] Wilmar Schaufeli and Dirk Enzmann, The Burnout Companion to Study & Practice (Philadelphia, PA: Taylor & Francis, 1998), 36.

[2] Heinz-Josef Fabry, "lēb" in Theological Dictionary of the Old Testament, vol. 7, ed. G. J. Botterweck, H. Ringgren, and H.-J. Fabry (Grand Rapids: Eerdmans, 1977), 414.

[3] 同上，400 页。

[4] Marjorie O'Rourke Boyle, "The Law of the Heart: the Death of a Fool（撒上 25）," Journal of Biblical Literature 12(2001): 401. 见 Hans W. Wolff, who counts 858 instances (The Anthropology of the Old Testament [trans. Margaret Kohl; London: SCM, 1974], 40).

人具有的三种人格功能：感情、思想、意志。一般人认为整个人的情绪都发自内心。"[1] 巴松（Basson）同意在旧约圣经中，心不但被认为是情绪的所在，也是"性情、理智、决断力"的所在。[2] "心"这个字在希腊文是 kardia。这个字在新约圣经中出现了 160 次，代表着肉体和灵性生命的中心。[3] 换句话说，"心"代表了"整个人"，[4] 包括了一个人的智力、灵性和情感。因此，当牧师的心感到筋疲力尽又面临危机，牧师的整个生命和事工也将会受到威胁。

身心耗竭的特征是在工作或工作环境中感到"失去精力、失去热情、失去信心"。[5] 圣经一开始便谈及神吩咐亚当"修理看守"伊甸园。（创 2:15）旧约圣经有很多关于工作的词语。这些词语表示人意识到在堕落后，工作既是祝福也是咒诅，因为自此以后，人类要做极繁重的工作才能糊口。

到底神对工作的原意是什么呢？米德（Mead）这样解释说：

---

[1] Andrew Bowling, "Heart, Understanding, Mind," in *Theological Wordbook of the Old Testament*, vol. 2, ed. R. Laird Harris, Gleason Archer, and Bruce Waltke (Chicago: Moody, 1980), 466.

[2] Alec Basson, "Metaphorical Explorations of the Heart in the Old Testament," Scriptura 96, no. 2 (2007): 310.

[3] Theo Sorg, "Heart," in *The New International Dictionary of New Testament Theology*, ed. Colin Brown, vol. 2 (Grand Rapids: Zondervan, 1979), 180-84.

[4] 同上，第 181 页。

[5] Michael P. Leiter and Christiana Maslach, *Banishing Burnout* (San Francisco, CA: Jossey-Bass, 2005), 2-3.

　　圣经中"劳动"这个词表达了各式各样的工作及其不同的意义,从体力和智力的劳动到其不同的成果。尽管劳动意味着辛劳,也有可能从中赚取不诚实的利益,或作为奴役的工具,但是圣经肯定了劳动的好处:我们可以期待从劳动中得到报酬。从神学观点来说,人类劳动的模范是《创世记》(参见创 2:2-3)中所描述、《诗篇》(参见诗 8:3,19:1)中所歌颂的上帝的创造之工。[1]

在人犯罪之后又是怎样一回事呢?[2] 尽管神是为了亚当的好处而安排他在伊甸园工作,但是人的堕落给工作带来了一个黑暗面。戈尔奇(Bruce Waltke)这样指出:

　　全然败坏的结果是:假如没有神恩典的介入,没有重生的人都会在他们的良心与情欲之间挣扎。他们所做的一切都有混杂的动机,结果也不甚理想。此外,人类因为原罪和全然败坏,他们所建立的文化并不荣耀神,而是荣耀他们自己。因为人的堕落,他们的成

---

[1] James K. Mead, "Labor," in *The New Interpreter's Dictioinary of the Bible*, 5 vols., ed. K. D. Sakefeld, vol. 5, (Nashville, TN: Abingdon, 2009), 554.
[2] 堕落之后,人对待工作有积极的和消极的两种态度。有的人是积极的,但正如 Mead 所说,"圣经中所带来的大量体力劳动,使人们对这些苦差事产生了一定的抵触情绪(参见创 3:17-19)。"其他人则显得更为消极,如 Vawter, Von Rad 和 Westermann。

就充其量也是有缺陷的。[1]

因为人的堕落，亚当和后来的世代便要"终身劳苦"（创3:17）才得以糊口。[2]

这种情绪上的耗竭是身心耗竭的根源，是人类劳苦的黑暗面。自从人类堕落以来，工作变成了不愉快和令人沮丧的事，使人在苦差事中团团乱转，却得不到称许、成果和报酬。[3] 所罗门选择用"工作"一词形容他在神以外寻求生命意义的一切劳苦。他说："凡我眼所求的，我没有留下不给他的；我心所乐的，我没有禁止不享受的；因我的心为我一切所劳碌的快乐，这就是我在劳碌中所得的份。后来，我察看我手所经营的一切事和我劳碌所成的功，谁知都是虚空，都是捕风，在日光之下毫无益处。"（传2:10-11）

圣经中最常用的一个似乎与身心耗竭一样的词语是"灰心"或"疲乏"。Yāgā 的意思是"劳碌"或"辛劳"，但强调的是

---

[1] Bruce W. Waltke and Charles Yu, An Old Testament Theology: An Exegetical, Canonical and Thematic Approach (Grand Rapids, MI: Zondervan, 2006), 280.

[2] 见 William H.U. Anderson, "The Curse of Work in Qoheleth: An Exposition of Genesis 3:17-19 in Ecclesiastes," Evangelical Quarterly 70, no.2 (1998): 101-104. Anderson 认为 Westermann, Vawter 和 Von Rad 会同意这一点："世界上所有人类的工作都充满了问题、挫折和痛苦……咒诅的内涵决定了它在人类生活中的程度和效力。Qoheleth 所关注的问题是：在《创世记》3 章 17 节至 19 节中的诅咒对人类在阳光下的活动无所不在的影响。"

[3] Lawrence O. Richards, Expository Dictionary of Biblical Words (Grand Rapids, MI: Zondervan, 1985), 636.

因繁重的工作而带来的筋疲力尽。[1] 这个词的字根意思是"强调工作的劳累，并由此产生的疲乏灰心。"[2] 在这个语意中的劳累意味着所付的代价远超过所得的益处。"疲乏灰心"反映出情绪耗竭的过程。当圣经说："不要劳碌求富，休仗自己的聪明"（箴 23:4），所用的正是这个字。"疲乏"的字根意思是"（变得）疲倦"，也包括了其他的含意，如"（变得）困倦"，"（变得）没有力量"，"（变得）精疲力竭"。[3] 七十士译本（希腊文的旧约圣经）用了"劳乏"（参见哈 2:13）和"疲乏"（参见耶 2:24）作为"疲乏灰心"的同义词。[4] 在《撒母耳记下》17 章 29 节提到的"饥、渴、困乏"显示出身体和灵魂的相互影响，导致一个人经历身心耗竭。[5] 然而神向他的百姓保证，尽管少年人也要疲乏困倦，神却永不疲乏。

Talaiporeō 这个动词形容那些在困境中的人，他们所遭受的难处甚至到了令他们身心耗竭的程度（参见赛 33:1；耶 4:13、20，10:20）。在《诗篇》17 篇 9 节和《以赛亚书》33 章 1 节

---

① 同上。
② Ralph H. Alexsander, "Toil, Labor, Grow, Be Weary," in *Theological Wordbook of the Old Testament*, vol. 1, ed. R. Laird Harris, Gleason Archer, and Bruce Waltke (Chicago: Moody, 1980), 362.
③ G.F. Hasel, "yaga" in *Theological Dictionary of the Old Testament*, vol. 6, ed. G.J. Botterweck, H. Ringgren, and H.-J. Fabry (Grand Rapids: Eerdmans, 1977), 151.
④ 同上，第 152 页。
⑤ 同上，第 153 页。

（七十士译本），talaiporeō 的意思是"欺压，令人灰心"。虽然以色列的神在怒气中掩面，他却以永远的慈爱怜恤他的百姓（参见赛 45:15，54:8）。尽管以色列人也许觉得神没有看到他们的困境，但他们并没有与神的安慰隔绝，因为神赐力量和能力给疲乏的人（参见赛 40:27、29）。[1]

新约圣经为我们提供了怎样应付"身心耗竭"或"劳苦担重担"（参见太 11:28-30）的情况。那独一能把父神和他的救赎计划彰显出来的耶稣，发出这样的呼吁："凡劳苦担重担的人，可以到我这里来……你们心里就必得安息。"耶稣也向彼得和安得烈发出了类似的呼召（参见太 4:19,字面意思是"来跟从我"）。对那些劳苦担重担的人来说，"到我这里来"这句话正是耶稣在温柔地邀请他们跟他建立亲密的关系。"劳苦"这个词令我们想起那些肩负重担的人。但因这个轭（作耶稣门徒），耶稣应许我们可从宗教规条和人的压力下得安息。这轭只要求我们定意跟随他。耶稣的门徒直接跟从他学习。耶稣作为神所应许的弥赛亚、天国的创始者，以他对上帝真理权威性的理解，应许门徒他们的心灵会在他里面得到安息。他的轭会让他们明白登山宝训中的义，耶稣在那里宣告他来是为要成全律法。耶稣教导并彰显出律法本该反映的义（参见太 5:17-48）。

---

[1] Roland K. Harrison, "Talaiporeo," in *The New International Dictionary of New Testament Theology*, ed. Colin Brown, vol. 3 (Grand Rapids: Zondervan, 1979), 859.

门徒的轭为他们带来安息,因为耶稣"心里柔和谦卑"(参见太 11:29)。耶稣彰显出作为天国一分子的门徒应该要有的特色——柔和(参见彼前 5:5)、谦卑(参见雅 4:6)。[1] 这种安息是借着圣灵在基督里属灵的安息,并非说门徒不需要劳苦,而是说他们会得到力量胜过"某种程度的害怕、焦虑、疑惑和失落感"。[2] 耶稣教导他的门徒(早期教会的牧师)说他们要"完全"(参见太 5:48),但这样的要求与他们的日常生活和侍奉结合在一起时却不会令他们身心耗竭(参见太 11:28-30)!门徒可以像耶稣一样依赖圣灵的帮助,得到指引和力量,满足人里面"最深切的渴求"。[3]

耶稣并非要求我们达到"无罪的那种完全",而是命令我们在自己生活的每一个方面反映出神的性情。威廉·克莱因(William Klein)解释说:"'完全'的意思就是'不恨恶弟兄或姊妹、不利用别人、尊重婚约、诚实待人、不以恶报恶、总是为别人(甚至自己的仇敌)的好处着想。'"[4]

道格·韦布斯特(Doug Webster)进一步阐释耶稣的轭是怎样的轭:

---

[1] Michael J. Wilkins, *The NIV Application Commentary: Matthew* (Grand Rapids, MI: Zondervan, 2004), 422-24.
[2] Craig L. Blomberg, *Matthew*, New American Commentary (Nashville, TN: Broadman, 1992), 194.
[3] 同上,第 192 页。
[4] William W. Klein, *Become What You Are* (Tyrone, GA: Authentic, 2006), 129.

他那容易的轭既不是不必费力也不是来得方便。这个令人惊讶的应许是为了把我们从只顾一己利益，基于功绩和成就的宗教解放出来。这轭是容易的，因为我们不再受以自我为中心的重担绑缚，我们不再受自义的重压绑缚，我们可以自由地按照神要我们生活的方式去生活……容易的轭听起来有点自相矛盾。耕地和移动重物都是辛苦的工作！耶稣并没有应许给我们松软的田地让我们易于耕耘，或给我们平坦的道路以致我们的担子比较轻省。他答应的是我们与他的关系。我们承担的责任是重大的，然而我们与耶稣的关系使这个担子变得轻松。[①]

此外，保罗也用了"劳苦／同工同劳"等词语来形容在基督里为主而作的工。对保罗来说，这是他出于爱主的辛劳（参见罗 16:12；林前 16:16；帖前 1:3，5:12）。

2. 有身心耗竭症状的圣经人物

（1）摩西

摩西是神忠心的仆人，但经过多年应付以色列人的要求，他开始表现出身心耗竭综合症的一些症状。尽管圣经没有明确地这样形容摩西，但他却与一个为了服务会众而进入侍奉、后

---

① Doug Webster, *Easy Yoke* (Colorado Springs, CO: NavPress, 1995), 8,14.

来却厌恶这些会众的牧者有相似之处。《民数记》11章4节至6节形容以色列人向摩西抱怨："他们中间的闲杂人大起贪欲的心，以色列人又哭号说：'谁给我们肉吃呢？我们记得在埃及的时候，不花钱就吃鱼，也记得有黄瓜、西瓜、韭菜、葱、蒜。现在我们的心血枯竭了，除这吗哪以外，在我们眼前并没有别的东西。'"

百姓苦苦地向摩西抱怨神的供应。后来"摩西听见百姓各在各家的帐棚门口哭号，耶和华的怒气便大发作，摩西就不喜悦。摩西对耶和华说：'你为何苦待仆人，我为何不在你眼前蒙恩，竟把这管理百姓的重任加在我身上呢？'"（民11:10-11）摩西把这情况向神反映，形容自己的劳累："管理这百姓的责任太重了，我独自担当不起。"（民11:14）

摩西厌恶这些以色列人，想放弃他所有的责任。他诚实地面对他情绪上的枯竭，求神干脆把他杀掉。摩西的一个主要问题是：他是所有百姓唯一的审判者。他说："百姓到我这里来求问神。他们有事的时候就到我这里来，我便在两造之间施行审判，我又叫他们知道神的律例和法度。"（参见出18:15）摩西把自己累坏了，因为他没有去找有资格的助手，或装备其他人加入他的团队。他没有把责任分配给别人，因此把自己弄得筋疲力尽。

弗兰·夏卡（Fran Sciacca）在《受伤的圣徒》（*Wounded Saints*）一书中指出摩西的想法有6个错误：

a. 我没有时间训练别人来帮忙。

b. 除了我以外，没人懂得怎样把这件事情做好。

c. 如果我不去做，不会有别人去做。

d. 没有其他人像我这样尽心竭力。

e. 我的工作越有成果，就表示我是越好的雇员。

f. 这是我的工作。[①]

摩西先于以利亚犯了这个错误，他们两个都确实相信只有他们在全心全意地侍奉神（参见王上 17-19）。

《出埃及记》描述摩西是神拣选带领以色列人脱离埃及奴役的人。他是神所差派的牧人，但从一开始，摩西便表现出身心耗竭的一个警示信号：自卑的心态。他问神说："我是什么人，竟能去见法老，将以色列人从埃及领出来呢？"（出 3:11）这个问题揭露出摩西经历了一个巨变。他四十年前曾经一时冲动，为一个被埃及人打的希伯来人而杀了人（参见出 2:11-12）。现在尽管是神任命他出来领导以色列人，但他却自觉无法胜任。神对他说："我必与你同在；你将百姓从埃及领出来之后，你们必在这山上侍奉我，这就是我打发你去的证据。"（出 3:12）

摩西跟着问神："我要对他们说什么呢？"（参见出 3:13）他知道要求法老释放这一群被奴役的百姓极其困难，他需要一个比他自己有力的权威去说服法老。神对摩西说："我是自有

---

① Fran Sciacca, *Wounded Saints* (Grand Rapids, MI:Baker, 1992), 69-75.

永有的。你要对以色列人这样说：'那自有的打发我到你们这里来。'"（出 3:14）神称自己为"自有永有的"，表示他是永远与他的百姓同在的永生神(参见出 3:15-17)。摩西还不确定，便问："假如他们不信我又怎么办呢？"神告诉摩西，他会用一连串令埃及人折服的神迹确认他的领导地位。摩西最后抗拒的原因是说他没有口才，所以他没有能力带领这些百姓（参见出 4:10）。神恩待摩西，答应会指教他当说的话，并给他一个同工亚伦帮助他。

对摩西来说，神答应协助他并不代表立刻的成功。法老傲慢地回答摩西："耶和华是谁,使我听他的话,容以色列人去呢？我不认识耶和华，也不容以色列人去。"（出 5:2）摩西和亚伦不断与法老交涉，并建议让百姓出去完全离开埃及，只要给他们三天的路程到旷野去。甚至是这样短的一段时间，法老也拒绝让百姓出去，而且还增加了这些希伯来奴隶的工作量（参见出 5:10-14）。

摩西和亚伦不辞劳苦地要释放被奴役的百姓，百姓对他们的"答谢"却是要控告他们（参见出 5:20-21）。被欺压的百姓攻击要解救他们的人，摩西和亚伦面对死罪。百姓拒绝摩西的带领，摩西心灰意冷地质问神，他说："主啊，你为什么苦待这百姓呢？为什么打发我去呢？"（出 5:22）。摩西无法阻止百姓在旷野的反叛，导致他面临信心的危机。他感到自己是一个失败的人，也指控神没有帮助他（参见出 5:3-22）。被拒绝和失败的感觉使摩西经历了身心耗竭的症状：身体、情绪、精

神和灵性上的耗竭感。

（2）以利亚

《列王纪上》为我们提供了关于先知以利亚和关于他经历身心耗竭的叙述。他的经历与现代的牧者有相似之处。圣经在《列王纪上》17章1节提到以利亚，他那时已经卷入到一场冲突中："基列寄居的提斯比人以利亚对亚哈说：'我指着所侍奉的永生耶和华以色列的神起誓，这几年我若不祷告，必不降露、不下雨。'"以利亚在以色列待了很长的时间，才赢得了熟识神，并且忠心地与神同行的美誉。他是一位老练、有经验的神的先知，目睹过很多神迹，他的祷告曾经带来饥荒，并令一个小男孩从死里复活。

先知俄巴底有一天在路上与以利亚相遇，以利亚叫他请亚哈王来见他。俄巴底惊慌地问："仆人有什么罪，你竟要将我交在亚哈手里，使他杀我呢？"（王上18:9）因为以利亚的祷告使那地闹了三年饥荒，亚哈王正要杀他。俄巴底告诉以利亚他恐怕当他去见亚哈王的时候，以利亚便消失了踪影，以致亚哈王会迁怒于他，把他杀掉（参见王上18:12）。

尽管如此，以利亚仍然显出有身心耗竭的症状。他躲藏在犹大的旷野，因为当耶洗别听到亚哈告诉她以利亚在迦密山"一切所行的和他用刀杀众先知的事"（参见王上19:1）便大怒。在这事以后，以利亚呈现出精神疲累和自卑感。他因为害怕耶洗别的恐吓，"就起来逃命"（参见王上19:3）。以利亚的恐惧令他无法面对他的敌人，他"就坐在那里求死，说：'耶和华啊，罢了！求你取我的性命，因为我不胜于我的列祖。'"（王上 19:4）他对神的这个恳求是经历身心耗竭的迹象，情绪低落是身心耗竭综合症的普遍症状。

以利亚在迦密山杀掉数百个假先知（参见王上 18:40）后，感到筋疲力尽。在这事以后，以利亚逃离亚哈的国境。当他又再次受到耶洗别的恐吓，他便感到自己无力支撑下去。在以利亚经历职任倦怠的情况下，甚至很小的挑战对他来说都会变成大问题。以利亚无法相信神会保守他免受耶洗别之害。他的情绪耗竭从他完全失去盼望的状态显现出来：他倒在树下向神求死，无法看到神的手，并相信耶洗别的计谋必定成功，他必定丢掉脑袋。以利亚情绪耗竭的情况，也可以从这番话中显明出来："我为耶和华万军之神大发热心；因为以色列人背弃了你的约，毁坏了你的坛，用刀杀了你的先知，只剩下我一个人，他们还要寻索我的命。"（王上 19:14）这节经文显出以利亚对自己和以色列人有不切实际的期待，他对以色列整个国家的悔改抱有很高的期望，但这些期望却没有实现。

以利亚的希望和期待都破灭了，他变得失望和冷淡。这是经历身心耗竭的最后阶段。身体、情绪和精神上的耗竭影响了以利亚的心理和属灵状态，因为他没有花足够的时间来面对神。以利亚对自己的期望超过了其所拥有的资源，他的经历是一个神的仆人典型的经历。他做了过多的承诺，他依赖自己不足的决心和力量去做神的工作，而不是按照神的旨意做事。

（3）耶利米

耶利米的性情有两方面。他一方面非常忠心地侍奉主，尽管没有得到任何正面的反馈，但他仍勇敢地公开谴责犹大的罪；另一方面，他一直与忧郁、怀疑、绝望的感觉争战。当他濒临身心耗竭的边缘，他怀疑自己的事工是否具有任何意义（参见耶 15:10-21）。他向神挑战，要知道神的话是否会应验（参见耶 17:12-18）。在他情绪最受困扰的时候，他向神抱怨说："你欺骗了我。"（参见耶 20:7）他咒诅自己出生的日子（参见耶 20:14-18），因为他的事工所导致的结果完全不符合他的期望。他多次遭厌弃，并完全得不到成就感。只有一件事使他没有完全放弃：他毫不犹豫地向神吐露他真实的感受。

耶利米正如很多现代的牧师一样，具有身心耗竭的症状。他为耶和华，也为自己大发热心。他很愿意侍奉主，然而当他无法从百姓那里得到他想要的结果，他便有了负面的反应："岂可以恶报善呢？他们竟挖坑要害我的性命。求你记念我怎样站在你面前为他们代求，要使你的忿怒向他们转消。故此，愿你将他们的儿女交与饥荒和刀剑；愿他们的妻子无子，且作寡妇；又愿他们的男人被死亡所灭，他们的少年人在阵上被刀击杀。"（耶 18:20-21）

耶利米希望当他的羊群受到神话语的谴责后，他们便会有所回应。杨晨·西摩（Jody Seymour）在她的《得医治的时刻》（*A Time for Healing*）一书中总结出耶利米所经历的身心耗竭，从梦想幻灭步步向完全绝望的心路历程：

> 主啊，你欺骗了我，我也受了欺骗。你比我强大，并将我压倒。我整天被讥笑，每个人都嘲笑我。愿我出生那一天受咒诅！愿母亲生我的那一天不受祝福！我为什么要出于母胎来经历困难、愁苦，并在羞辱中结束我的一生呢？（参见耶 20:7、14、18）[1]

杨晨·西摩意识到这些情绪所显出的灵性枯干和令人窒息的苦毒是牧师经历身心耗竭的主要症状：

> 耶利米用来形容那呼召他的神的最后几句话，很可能在我们很多被按立的人的心灵中发生回响。侍奉之途漫长且枯燥。我们本该是引领羊群到青草地和溪水旁的人。当我们自己感到神引领我们到了一个已干涸的水旁该怎么办呢？当我们需要一点水来扑灭快要把我们烧成灰烬的火时，我们该怎么办呢？[2]

3. 大发热心的基本定义

"每个人生来都会追求某样东西，不论这东西是真实还是虚假，是否属乎真理，是否正确……这是我们灵魂深处的渴求。"

——袁奇恩日记，2012 年 1 月 26 日

---

[1] Jody Seymour, *A Time for Healing: Overcoming the Perils of Ministry* (Valley Forge, PA: Judson, 1995), 32-33.
[2] 同上，第 34 页。

　　我在教会的通讯中看到这个定义："心里火热就是从心里无拘束地追求真正有价值的东西。那些定意追求最有价值的事（神的荣耀）的人，活在充满喜乐的狂热中。他们心里记挂追求的是耶稣得到他该得的尊荣。那份热情支配并结合了他们其他的渴求，使他们有一个专一的目标，以至于他们可以自由地活在这专一的目标之下。"——《伯大尼播道会通讯》

　　事实上，缺乏真理或真知识的那种热情是很危险的事。一位哲学教授格鲁秀斯博士（Dr. Douglas Groothuis）这样指出：

> 然而，一个人可以为一个谎言而活，也可以为一个谎言而死；可以寄望于一些为自己生命带来意义、方向，甚至勇气的东西，却完全违反了真理。大发热心并不保证有知识。事实上，热心很可能蒙骗人并取代了知识，甚至使我们无法看到最重要的事，并且伤害到别人……

　　"大发热心"用于形容神的热情（参见赛 9:7，26:11，37:32），或人为了神的义而心里火热（参见诗 119:139）。旧约圣经里，祭司亚伦的孙子非尼哈大发热心地把一个公然犯罪的以色列人杀掉，平息了耶和华的怒气（参见民 25:11）。《民数记》说非尼哈为耶和华所发的热心，使耶和华向以色列人所发的怒消了，免他们遭毁灭（参见民 25:11-13）。非尼哈受推崇，因为他关心神所关心的事，以致神没有在他的烈怒中除灭以色列人。非尼哈具有对神的热心和知识，他不是为了自己而大发热心，他为神大发热心，因此神应允给他永远当祭司职任的约（参见民 25:13）。《诗篇》106 篇 31 节补充说非尼哈当时的介入"就算为他的义，世世代代直到永远"。这响应了当亚伯拉罕相信神，神就以此为他的义（参见创 15:6）。

以利亚为神大发热心，杀了巴力的先知，然后逃命（参见王上 18:40，19:10）。以利亚为神所发的热心其实是基于他自己对亚哈和巴力的痛恨（参见王上 19:10、14）。这两句经文的语气都使用了文法上的一种夸张手法，显示以利亚在他火热的心态下，高估了自己的重要性。这是心里火热的人一个普遍的弊病。然而耶和华对以利亚说的最后一句话戳穿了他谋求私利的热心，事实并非"只剩下我一个人"，而是有七千个未被以利亚知道、未向巴力屈膝的人。以利亚过于看重他自己的重要性，而没有注意到周围的盟友。

神在《以西结书》36 章 5 节这样说："我真发愤恨如火，责备那其余的外邦人和以东的众人……"耶稣在洁净圣殿时所表现的热心，使门徒想起《诗篇》69 篇 9 节中公义的受害者。尽管圣经警告属神的人要避免"有热心，但不是按着真知识"（参见箴 19:2；罗 10:2），宗教热情却是犹太人表示敬虔的重要元素。事实上，神也为他自己的圣名大发热心（参见赛 59:17；结 39:25）。

在新约圣经中，耶稣并不是为了盲目的民族主义而大发

热心，他的热心是公义的。他甚至为这份热心献上了他的生命。他的牺牲为世界带来了生命。我们在《路加福音》24章32节读到门徒彼此对问："在路上他和我们说话，给我们讲解圣经的时候，我们的心岂不是火热的吗？"马歇尔（Howard Marshall）指出，"这故事也许在暗示，基于门徒的经历，信徒日后感到他们心中的暖流时，乃表示复活的主与他们同在……门徒预先尝到了五旬节燃烧不灭的火……我们知道他们不但得到头脑的知识，主也触摸了他们的心。他们现在也许会相信圣经为耶稣基督所作的见证。"[①]

保罗形容自己曾经为神大发热心，因此逼迫教会（参见徒22:3-4；加1:13-14；腓3:6）。他也为已悔改的哥林多人所表现出的热心大为喜乐（参见林后7:7-12）。

保罗在他其中的一封书信中（参见罗10:2）指出，"向神有热心"是在两约之间值得赞赏的一个性情，因为当时犹太教外受敌人的威胁，内有以色列人对宗教冷淡的忧患。新约经文也一致地对"热心"加以褒扬。保罗从积极的方面向以色列人作见证，赞扬他们对神的忠心。他们的问题（也是保罗要继续为他们的救恩祈求的原因）就是他们像信主前的保罗一样，他们的热心并不是基于"知识"——不是指理论上的知识，而是指实用的、经历神的知识——叫他们荣耀和感谢神。正如《罗

---

① Howard Marshall, *The Gospel of Luke* (Grand Rapids, Michigan:Eerdmans, 1979), 899.

马书》12 章 11 节的劝勉："殷勤不可懒惰，要心里火热，常常服侍主"。

保罗在第 10 节勉励我们要彼此相爱，彼此尊重的同时，也警告我们不可懒惰，失去热心："爱弟兄要彼此亲热，恭敬人要彼此推让。"保罗叫我们要有不屈不挠的热情，目标是要我们实行神呼召我们给他献上的"全然明白的敬拜"或"合乎理性的敬拜"（rational worship）。我们自然而然会受试探，渐渐失去毕生追求"神的善良、纯全、可喜悦的旨意"的热情，但我们必须竭力抵挡这试探。

保罗进一步以火烧的意象形容"心里火热"（滚烫的、沸腾的），要我们如亚波罗般地"心里火热"（参见徒 18:25）。保罗劝勉我们呼求圣灵（借着圣灵）把我们点燃，让圣灵催逼我们献上主要我们献上的"全然明白的敬拜"或"合乎理性的敬拜"。然而求圣灵点燃我们的念头可能被滥用，保罗为了避免这个情况，便提醒我们圣灵的点燃必定引导我们去侍奉神。我们不应该热衷于属灵的事情而失去理智，把圣经教导的基督徒生活行为的客观标准抛诸脑后。我们的热诚不应该是一种以我们自己为中心的表现（如哥林多的信徒），而应该是热诚谦卑地侍奉主。[1]

---

[1] Douglas J. Moo, *The Epistle to the Romans* (Grand Rapids, Michigan: Eerdmans, 1996), 778-9.

4. 六个导致身心耗竭的重要因素

（1）属灵的因素

牧师、教会工作者和宣教士无不面临灵性枯干的危机，但在耶稣基督或神以外寻找生命（参见耶 2:13），对那些被神呼召离开"沙漠"，来到"活水……直涌到永生"（参见约 4:10、14）的人来说是具有毁灭性的。耶利米曾形容那些逃避神的人所经历的"灵性枯干"，说他们"必像沙漠的杜松，不见福乐来到，却要住旷野干旱之处，无人居住的碱地。"（耶 17:6）

灵性枯干是指一个基督徒（包括牧师）感到他没有时间灵修，或减少他单独在神面前的时间，结果这个基督徒（包括牧师）会开始感到像一棵缺水的植物。神学家如戴马雷（Bruce Demarest）和查尔斯·罗谱（Charles Raup）在他们于《克里斯威尔神学评论》（*Criswell Theological Review*）中发表的"恢复基督徒属灵生命的核心"（Recovering The Heart of Christian Spirituality）一文中提出警告说，美国的基督教太过依赖自主权、理智主义和道德上的成就。

（2）休息的因素

调查一再证明休息不足是造成神职人员经历身心耗竭的因素。教会对牧师的工作时间有过多的要求，加上会众和牧师对自己有不切实际的期望，缺乏足够的休息就变成了现代牧者的常态。

身心耗竭不只是由过量的工作引起的，还因为没有足够的安息和休息。《创世记》2 章 1 节至 3 节和《出埃及记》20 章 11 节都提到神在创造过程中设立了安息日，安息日是第四条诫命。在正常的情况下，牧师通常会选不是星期天的一天作为他的安息日，花时间在神面前，并与家人和朋友们在一起。当我们明白到安息日的真正意义，我们知道任何时间、任何一天都可以成为牧师的安息日，因为主的复活不但让他在今天掌权作王，也证实了他的神性，把每一天都变成了安息日。

（3）合适性的因素

一个牧师可能会感觉牧职不适合他，因为他不明白牧师这个职位的真正性质，或不了解他个人的局限性和恩赐。当牧师相信自己能力不足，无法面对挑战，通常是因为：1）他们不确定自己的呼召；2）他们所面对的牧师职位有无法达到的职责要求；3）平信徒领袖和会众把牧师视为完美无暇。

在这种情况下，牧师应当重新确定神对他的呼召，因为神会赐力量给他的仆人去满足羊群的需要。神永远不会让牧师缺乏他需要的资源去完成呼召。牧师也需要承认，耶稣对他门徒的呼召是要他们作"主的仆人"，属灵的权柄和领导力都是通过受苦和牺牲之道而建立起来的（参见可 10:38-39）。举例来说，保罗并没有滥用他的领导地位，他谦卑地服侍主（参见林后 3:9，11:26-29）。

（4）倾诉对象的因素

当牧者需要重新安排事项的优先级，重新看到前景和在困难的时刻找到避难所，便需要有一个支持的系统。牧者想要找

到真正的友谊可能不太简单，取决于他怎样看自己。如果牧师只根据他的职业来看他自己，便可能会与会众保持距离。教会中盛行鼓吹个人主义、才智和自我牺牲的文化，令牧者更难找到支持。

有些时候，在侍奉中有一个倾诉对象是必须的，甚至我们的主也需要一个倾诉对象，一个他可以信任的门徒来支持他。当耶稣在客西马尼园祷告，他也请他的门徒（特别是他的核心小组成员——彼得、雅各和约翰）跟他一起去（参见太 26:36-38）。保罗也需要一个倾诉对象。他形容提摩太与他"同心、同有一个心志"（参见腓 1:27，2:20），是他的好伙伴。因此，当保罗在生命快结束时，便很自然地想提摩太跟他在一起（参见提后 1:18）。保罗也珍惜那些与他"真实同负一轭的……在福音上曾与我一同劳苦"的人（参见腓 4:3）。在他与腓立比教会的友谊中，他享受到祷告和物质上的支持。

（5）冲突的因素

冲突是导致身心耗竭的另一个重要因素。我的研究显示牧师因与主任牧师，或其他牧职人员等教会领袖有冲突而被迫离开教会，并非是不寻常的事。由于在侍奉中有冲突是无可避免的，而没有解决的冲突很可能会造成职任倦怠，牧师务必需要有效地处理冲突，包括与其他牧职人员和与会众的冲突。

尽管冲突可以显出牧师的真实性格，但冲突也可以使牧师承受巨大压力，甚至进而导致职任倦怠。在《哥林多后书》所记载的保罗的经历，使他成为了一个职任倦怠的人。他爱哥林多教会，却碰到重复的挑战，甚至遭到来自哥林多会众的攻击。他面临着情绪耗竭的危机，大可逃避那些攻击他的人，但这样便会令他对自己有负面的评价，特别是关于他在哥林多的事工。一个敬虔的牧师和一个属世教会之间的张力，会导致他情绪耗竭或甚至令他身心耗竭。这可能是长期冲突的结果，正如在一世纪哥林多教会的情况。

（6）文化的因素

文化的冲突是因牧师和会众各有不同的期望的结果，也可能是牧师对自己有不切实际的期望的结果。一个人可能从小就处于多个不同文化的影响下，但这些文化之间也许有重要的冲突。牧者接受了呼召，却没有意识到他所吸收的各种不同文化的价值，可能会负面地影响他履行他作为牧师的角色。企图满足来自一个人的家庭、国家、民族等各种不同的期望可能会引发张力、焦虑、厌倦和忧郁症，这一切都会导致身心耗竭。

做主事工的人应该把他们的整个生命献给神作为活祭（参见罗 12:1）。然而当碰到文化上的冲突，我们就必须处理这些文化上的异同之处，以免有混淆和矛盾。尽管我们是新造的人，有来自主耶稣基督的新生命，但我们仍须抗拒来自老我的影响。正因如此，保罗才命令我们"不要效法这个世界，只要心意更新而变化"。这个"察验何为神的善良、纯全、可喜悦的旨意"的过程是一个毕生的过程，牧师们要借着圣灵去明白、认同和执行神的旨意（参见罗 12:2）。

神职人员要全面地从十字架的观点考虑他所有的关系。直梁代表他自己跟神的纵向关系，横梁代表他跟别人和他跟文化的横向关系。

本书分为两部分。第一部分的 1 至 4 章是关乎我们跟神的纵向关系，包括了我们侍奉的热情、我们的属灵景况、我们对休息（安息日）的了解和实行，还有关于我们的适合性。第二部分的 5 至 7 章是关乎我们跟别人的横向关系，包括了我们的倾诉对象、我们怎样处理与别人的冲突，还有我们怎样应付环绕我们的文化。当我们走上这条侍奉的道路，请不要忘记为了那呼召你的主而背起十字架（包括直梁和横梁），我们便会得到从天上来的冠冕。正如使徒彼得所说："务要牧养在你们中间神的群羊，按着神旨意照管他们。不是出于勉强，乃是出于甘心；也不是因为贪财，乃是出于乐意；也不是辖制所托付你们的，乃是作群羊的榜样。到了牧长显现的时候，你们必得那永不衰残的荣耀冠冕。"（彼前 5:2-4）

所有牧职人员都会在某个时刻问这些问题或面对失去侍奉热情的挑战。本书作者认为失去侍奉热情或失去侍奉兴趣的主要因素通常是身心耗竭。以下的章节会探讨身心耗竭的起因，并且提出一些克服这个问题的方法。

第二章 以基督为中心的属灵实际：
从灵性枯干到结实累累

1. 灵性枯干的现实

"属灵实际"（spirituality）是什么意思呢？"属灵实际"这个词用来形容那些受圣灵管理的人。[1] 这个词在一般的情况下，可以用于各种不同的宗教经历，但在这本书中，我们只限于用来形容基督徒的属灵实际。基督徒的属灵实际"必须符合圣经，意思就是说若这真的是对神启示的响应，必须来自、基于，并体现出圣经的权威，也受其规限。"[2]

假如我们要从圣经中寻找灵性枯干的模型，我们可从贺乐礼（William L. Holladay）的《耶利米书 1 章：先知耶利米书 1 至 25 章的注释》（*Jeremiah 1: a Commentary on the Book of the Prophet Jeremiah Chapters 1-25*）中看到神"被比喻为一个'活水的泉源'"。[3] 这显示出耶利米对神的选民以色列有两方面的

---

[1] Sandra M. Schneiders, "Spirituality," in *The New Interpreter's Dictionary of the Bible*, vol. 5, ed. K.D. Sakefeld, (Nashville, TN: Abingdon, 2009), 365.

[2] 同上，第 367 页。

[3] William L. Holladay, *Jeremiah 1: A Commentary on the Book of the Prophet Jeremiah Chapters 1-25* (Philadelphia, PA: Fortress, 1984), 92.

控诉。他们拒绝了以神作为生命之源，而以世上的各种支持系统取代神，这些都是"破裂不能存水的池子"。[1] 耶利米随后对离弃神的人的形容，正是灵性枯干的人的写照："他必像沙漠的杜松，不见福乐来到，却要住旷野干旱之处，无人居住的碱地。"（耶 17:6）

在旧约经文中神是"活水泉源"的主题，在新约经文中变成了耶稣是我们"活水的江河"。丹佛神学院的新约教授布隆博格博士认为"活水"（参见约 4:10）的比喻有"很多旧约经文的先例"（参见诗 36:9；箴 13:14，18:4，55:1；结 47:1-12；亚 14:8）。[2] 耶稣呼召门徒脱离"沙漠"并得到他赐的"活水……直涌到永生"（参见约 4:10、14）。门徒没有基督的支持，并不能作什么（参见约 15:5）。此外，旧约"耶和华是独一真神"[3]的概念，也在新约"耶稣是唯一得救的道路"的真理中反映出来（参见约 14:6）。拒绝耶稣就是拒绝赐门徒（包括牧师在内）新生命和让他们结果子的那一位。正如《诗篇》1 篇 3 节所说，"果子和叶子是息息相关的。结果子是树的目标，但没有叶子便不会有果子。"[4]

[1] Page H. Kelley, Joel F. Drinkard, Jr., and Peter C. Craigie, *Jeremiah 1-25*, Word Biblical Commentary, vol. 26 (Dallas, TX: Work, 1991), 30.
[2] Craig L. Blomberg, *The Historical Reliability of John's Gospel* (Downers Grove, IL: InterVarsity, 2001), 100.
[3] Robert P. Carroll, *Jeremiah* (Philadelphia, PA: Westminster, 1986), 126.
[4] John Goldingay, *Psalms 1-41*, vol. (Grand Rapids, MI: Baker, 2006), 85.

第二章 以基督为中心的属灵实际：从灵性枯干到结实累累

韦伯斯特（Webster）补充说："按照圣经和犹太人的传统，'活水'有拯救的意味……《以西结书》47 章提及从圣所流出的河流，流到列国，滋养树木，这些树'每月必结新果子'，其叶子可以治病。"（结 47:12）[①]换句话说，缺乏与神的亲密关系，灵命便无法成长，甚至完全枯竭，事工也无法长久。维真学院（Regent College）灵修神学教授毕德生（Eugene Peterson）更进一步地说：

> 耶利米采用了一些有机的东西来形容一些阻止或妨碍我们亲近神的生活方式，他的这种看法是圣经一贯的观点……尽管沙漠中的灌木与溪水旁的树同时具有生命，却是不一样的生命：沙漠中的灌木仅能生存，溪水旁的树却结实累累。沙漠中的灌木是受咒诅的生命，它只限于对人响应（"倚靠人"），只反映出生活现实很有限的层面。溪水旁的树却是受祝福的生命，因为它回应的是神（"倚靠耶和华"），也因而得享创造和救赎的丰盈。[②]

在基督教的历史中，教会一直面对属灵实际的危机。另一

---

① Jane S. Webster, *Ingesting Jesus: Eating and Drinking in the Gospel of John* (Atlanta, GA: Society of Biblical Literature, 2003), 55.

② Eugene H. Peterson, *Subversive Spirituality* (Grand Rapids, MI: Eerdmans, 1997), 82.

个维真学院的教授巴刻（J.I. Packer），对美国基督教的一个趋势提出警告："以人为中心、好支使人、成功主义、自我纵容、感情用事……3,000英里阔却只有半英寸深。"[1] 哥伦比亚神学院的宣教学教授宾庄逊（Ben Campbell Johnson）也提到在"保守派和具备清教徒或复兴传统的教会中"，有偏于律法主义、缺乏受圣灵引导的趋势。[2] 丹佛神学院前教授戴马雷（Bruce Demarest）和劳普（Charles Raup）也同意牧者中有这一趋势：变得太忙碌而无法与神有亲密的关系，依靠自己的资源和才能过于依靠"活水"。他们当中有些追求知识上的成就，其他则追求世上的成就，牺牲了他们对亲近神的追求：

> 新教遭受理智主义造成的祸患，以为可以借着对神有正确的认识来满足人最深切的需要……基督教进一步遭受道德主义造成的祸患，相信基督徒生命的重心是要有卓越的品德，而不是一个人跟神的重要关系……对神的认识和好行为，必须加以信心和委身，并对神有亲身的体验。[3]

神职人员面临在圣经和教会历史中比比皆是的"灵性枯干"

---

[1] J.I. Packer, *A Quest for Godliness* (Wheaton, IL: Crossway, 1990), 22.

[2] Ben Cambell Johnson, *Pastoral Spirituality* (Philadelphia, PA: Westminster, 1988), 68-9.

[3] Bruce Demarest and Charles Raup, "Recovering the Heart of Christian Spirituality," Criswell Theological Review 3, no. 2(1989):322.

的危机。身心耗竭是神职人员中的通病，因为他们"缺乏与神亲密的关系"，他们是"破裂不能存水的池子"。[①]

在 2004 年以前，只有少数几个研究认为牧者的属灵实际与身心耗竭有关。然而在 2004 年，金乔纳森（Johnathan Golden）和他的同仁应用了《马勒诗专业倦怠普查表》来衡量牧者的身心耗竭情况，他们发现"尽管个性和个别情况等因素扮演着重要的角色，但属灵实际，特别是关乎到牧者祷告和默想方面的属灵实际，也是造成身心耗竭的重要因素。"[②] 牧师属灵的实际情况似乎真的与身心耗竭有关。作者在 2006 年和 2007 年做了一个关于牧师经历身心耗竭的调查，结果显示灵性枯干是导致身心耗竭症状的一个关键因素。一个灵性枯干的人感觉他／她的日常生活令他／她没有，或剩下很少时间可以在神面前灵修默想。

一位 19 世纪初的英国作家科尔顿（Charles Caleb Colton）对牧师的属灵生命有以下的观察：

> 只是从人学习的，会得到没有精意的知识；只是从书本中学习的，会得到缺乏体验的精意。若从所看到的加上思考，从所阅读的加上反思，乃是走上获得

---

① Michael Todd Wilson and Brad Hoffmann, *Preventing Ministry Failure* (Downers Grove, IL: InterVarsity Press, 2007), 41.
② Johnathan Golden 及其他, "Spirituality and Burnout: An Incremental Validity Study," *Journal of Psychology & Theology* 32, no. 2 (Summer 2004):124.

知识的正途，只要他在鉴察别人的内心时，没有忘记
鉴察他自己的内心。[①]

维真学院"灵命塑造和领导"系的副教授钱德勒博士（Diane
J. Chandler）在一份 2010 年的报告中说，牧师每周平均工作
50 至 60 小时，他们花很少时间在自己的灵命成长上，或者甚
至完全忽略了这方面。[②]当牧师没有花足够时间，或干脆没有
花时间祷告和默想神的话语，他们也许会失去信心、失去侍奉
的喜乐、失去与神的亲密感，变得越来越爱论断人。[③]缺乏持
久而自律的属灵生命，迫使牧师走上身心耗竭之途，因而灵性
变得更枯干，失去与基督的亲密关系。只有基督可以提供牧师
执行由神引导的事工所需要的精力。缺乏了这一环节，牧师的
生命本身可能会变得肤浅，属灵生命更如同一片沙漠。

丹佛神学院"培育事工"的讲师贝克（Howard Baker）反
省一星期繁忙的工作对一般牧师带来的负面影响。他引用了耶
稣的话："你是否疲倦？劳苦担重担？"[④]贝克自己灵性上的枯

---

① Caleb Colton, 转引自 Richard Foster, *Celebration of Discipline: The Path to Spiritual Growth* (San Francisco: Harper & Row, 1988), 62 (emphasis added).
② Diane J. Chandler, "The Impact of Pastors' Spiritual Practices on Burnout," *The Journal of Pastoral Care &Counseling* 64, no. 2 (article 6) (2010):1.
③ Lloyd Rediger, *Coping With Clergy Burnout* (Valley Forge, PA: Judson, 1982),49.
④ Howard Baker, *Soul Keeping* (Colorado Springs, CO: NavPress, 1998), 33, 引自圣经《马太福音》11 章 28 节上半部分的信息。

竭强迫他检讨他的属灵生命。他发现自己缺乏属灵的自律，忽略了自己的属灵生命。他感到一生过量的工作令他的灵魂干瘪。他相信自己失去了热情，因为他生命的动力不是出于他对神的爱，而是出于他自己的野心，并提出警告说这是每一个牧师不断会面对的试探："骄傲——那古旧、原始、隐藏的罪，在重重事工的遮掩下，把我从侍奉神转而去侍奉我自己的形象。"[1]牧师也许会从自己的形象中找寻荫庇而忽略了他灵魂真正的需要。当他们欺骗自己关于他们与神的关系，便影响了他们生命的其他方面。

本书作者以前的调查显示，灵性枯干的滋味对一些牧师来说是一个有效的警告；对其他牧师来说，失去感情和属灵的健康，则可能会令他们心力耗竭——身心耗竭的一个明显的症状。[2]这种情况可能由牧师无法保留会友而引发。纽约皇后区新生命教会的牧师回想起他经历过的危机：

> "皮特，我要离开教会！"我的妻子格里低声含糊地说。我木然不动，因太惊愕而不知所措。
>
> "我无法再承受这压力，"她接着说，"这些持续不断的危机。"
>
> 格里已经很耐心了。我年复一年，不断地把压力

---

[1] 同上，第35页。
[2] 同上。

和张力从教会带回家中。那位我曾答应如基督爱教会般爱她的女子现在已经筋疲力尽了。我们经历了八年持续不断的压力。

"我不能继续下去了，"她做出结论说，"这教会对我来说不再意味着生命，而是死亡。"

当会友说："我要离开教会。"大部分牧师都不会很高兴，但当跟你结婚九年的妻子这样说，你的整个世界顿时会天翻地覆。我们当时在卧室。我永远不会忘记那一天。

"皮特，我爱你，但我要离开教会，"她很平静地做出总结，"我不再尊重你的领导力。"

我很明显地非常震惊，不知道该怎样说或怎样做。我感到被羞辱、很孤单和生气。

我尝试提高嗓子吓唬她："这是不可能的！"

我怒吼："我承认我的确犯了一些错误。"

她继续冷静地说："不是这样简单。你没有做领袖的勇气——面对那些需要对抗的人。你不是在领导。你太怕人家会离开教会，你太怕别人会怎样想。"

我气疯了。

"我正在做！"我为了自我辩护而大叫，"我正在努力！"（我过去两年真的一直在尝试，却仍然没有多大进展。）

46

"太好了，但我不能再等了！"她回答说。[1]

这故事与很多牧师的经历相似。[2] 有些牧师的生命充满会议和团契活动，却没有时间给他们的家人或神。牧师为了满足不切实际的期望，因而减少了他们进行严肃的自我反省的时间和意愿。牧师在这种压力下会导致情感、身体、行为和灵性上的问题。

没有深入扎根于神话语的牧师不会对罪有敏感的反应，也不可能突破自我为义的重重包围。丹佛神学院的校监麦克唐纳博士（Dr. Gordoon McDonald）讨论到灵性枯干的危险，指出这是很多牧师离开牧职的主要原因。他称这现象为"没有跑完全程"（DNF——Did Not Finish）。[3] 此外，福乐神学院基督教事工和领袖课程的教授麦金塔（Gary McIntosh）和伯大尼神学院基督教事工博士班课程的系主任李玛（Samuel D. Rima）也探索了牧师属灵生命的黑暗面：

> 如果不小心处理，压在里面的东西终于会非常猛烈地爆发出来。对一些人来说，他们可以把盖子压住

---

[1] Peter Scazzero and Warren Bird, *The Emotionally Healthy Church* (Grand Rapids, MI: Zondervan, 2003), 21.

[2] Yuan, 对"4-Out"问卷调查的回应（2006 年 11 月）。

[3] Gordon McDonald, "Many in Leadership Did Not Finish: What Can We Do about That?" *Leadership Journal* 27, no. 1 (Winder 2006): 50.

好一段时间才终于爆发出来。其他人则感到内心深处有些不寻常的激动和情绪翻腾。他们不确定到底是怎么一回事，为了减轻压力，便偶尔把盖子打开，把某一次的挫折，或其他的情绪发泄出来。还有一些人拒绝承认、忽视，或者为那些内心的翻腾做出辩释。

……（他们）会突然爆发，可能陷入重大的道德上的缺失，或者有其他令人意料不到、震惊或乖僻的行为。这种否定、压抑并最后引起爆发的情况，在感到需要不断掌控他们的生命才可以有效地服侍别人的宗教领袖当中特别普遍。尽管这些爆发似乎来得很突然，但其实从他们孩提时就已开始酝酿。[1]

那些没有刻意为自己设立和执行一个灵命成长计划的牧师，会令自己陷入一个无可避免的痛苦经历。假如他们没有探索他们属灵领导的"阴暗"面，他们就会陷入以下四种情况：心力衰竭、离开牧职、放弃侍奉或被迫离职。[2] 此外，没有注意灵命成长的牧师可能经历道德上的试探却似乎无力控制，如沉浸于色情和不适当的性欲等行为。[3] 他们生活在自己造成的

---

[1] Gary L. McIntosh and Samuel D. Rima, *Overcoming the Dark Side of Leadership* (Grand Rapids, MI: Baker, 1997), 23.
[2] Yuan, 对"4-Out"问卷调查的回应（2006 年 11 月）。
[3] Richard Exley, *Perils of Power* (Tulsa: Harrison House, 1988), 16-17.

地狱里：一时的情欲快感紧跟着无限的羞耻，甚至多日无以言喻的后悔。[①] 就算这些牧师每天与神亲近，并以对义的渴求（"在光明中行"）取代人的情欲，他们都无法享受在基督里的自由，并且会继续不断地落入灵性的败坏。[②]

事实上，杜利特尔（Benjamin Doolittle）在一份对牧者（这些牧者曾经完成了《马勒诗专业倦怠普查表》并其他的审查工具）的调查中报告说："那些在属灵实际指针上有高分数的人，在个人成就指针上也有高分数。"[③] 图尔顿（Douglas Turton）和法兰西（Leslie Francis）报告说："对祷告有正面态度的牧者与有较低程度的情绪耗竭、较低程度的漠不关心有关。他们也更意识到祷告在个人运作方面所扮演的心理角色。"[④]

为了应付牧师灵性枯干的问题，本书作者建议牧师踏上一个旅程，"从灵性枯干进入灵性的丰富"。

2. 活出结实累累的属灵生命

　　神啊，求你鉴察我，知道我的心思；试炼我，知道我的意念。看在我里面有什么恶行没有，引导我走

---

① 同上。
② Yuan, 对"4-Out"问卷调查的回应（2006 年 11 月）。
③ 转引自 Douglas W. Turton, Leslie J. Francis, and Christopher Alan Lewis, "Clergy Work-related Psychological Health, Stress, and Burnout," *Mental Health, Religion & Culture* 10, no. 1(Jan. 2007):5.
④ 同上，第 5 页。

永生的道路。（诗 139:23-24）

我真是苦啊！谁能救我脱离这取死的身体呢？感谢神！靠着我们的主耶稣基督就能脱离了……（罗 7:24-25）

要穿戴神所赐的全副军装，就能抵挡魔鬼的诡计。因我们并不是与属血气的争战，乃是与那些执政的、掌权的、管辖这幽暗世界的，以及天空属灵气的恶魔争战。（弗 6:11-12）

真正的重生会带来真正的改变。重生是我们成为基督徒的起点，我们由此开始一个过程，对付我们的肉体、我们的罪性和我们黑暗的一面。美国前播道会副总监柯丁顿（Tim Addington）指出，我们的黑暗面包括了我们易于受试探的地方、未获解决而伤害到别人的情绪问题、不能控制的怒气、以自我为中心、苦待我们带领的人，或其他引起灵性、情绪或个人关系的问题。假如我们没有深入地检讨我们的属灵生命，没有完全意识到牧者的生命是每一天的属灵争战，就无法在基督里得胜。另一方面，深入地更新我们与神的关系会为我们在基督里的生命带来新鲜感。为我们的属灵生命作一个 X 光透视，可以从审视我们跟神的关系所花的时间、质量和纯度开始。

我们跟神的关系的质量显示出我们对神的认识和体验。跟神的关系从我们每天的灵修生活开始：祷告、默想、背诵、沉浸于神的话语。我们对神同在的感受和我们对他教导的顺服，也会影响我们跟神的关系的质量。

尽管牧者不会否定祷告的重要性，但他们日常所面对的问题往往令他们把祷告放在较不重要的位置，没有花足够的时间来认罪、祈求、感谢和赞美。

"神所要的祭，就是忧伤的灵。神啊，忧伤痛悔的心，你必不轻看。"（诗 51:17）生命不单是一个旅程，也是一个战场，是我们处于羞辱神和尊重神两极之间的争战。我们身处其中，需要有时间让创伤继续地痊愈，也需要花时间祷告和预备更好的策略，以使我们有另一天的胜利。

认罪并不是人一生只需要做一次的事情，而是要每天清除我们生命中的污垢，不让它积聚。作为神职人员，我们是"可悲的"。认罪从承认我们生命中有罪、脆弱的黑暗面开始。当我们检讨我们的失败，我们的罪令我们重复地经历极度的羞辱、痛苦和罪恶感。为了停止罪的习性，我们必须打破不诚实的恶性循环——从决定公然地撒谎，到因害怕被发现而加增不诚实的倾向。我们要毫无借口地承认我们生命中各方面的罪，全然相信神的赦免和医治。在我个人的经验中，当我承认了某方面的罪，另一方面的罪便显现出来。当我承认了这方面的罪，又有更多罪的领域显露出来。虽然恢复的过程很痛苦，每天把我的罪钉在十字架上，这在我们主的眼中是有价值的行为。

3. 重建属灵生命的指南

深切内视和反省：

注意每一个试探往往始于一个天真或无辜的行动／半真半假的事实或行动；

注意你生命中最脆弱的地方；

注意任何隐藏的想法和问题，因为它们代表了你生活形态最危险的地方；

注意任何隐藏产生错误思想的过程；

继续借着认识神、认识你自己和其他人，建立你的属灵分辨能力；

不断地注意我们的内心，看有没有把自己的欲望、思想和行为"区室化"（"Compartmentalizatioin"），这是我们黑暗面的阴沟，会"夺取和毁灭"我们；

注意危机并不在于行动的本身，而在于我们内心自我欺骗的倾向。我们必须检查我们的内心，找出事情为什么会发生和会怎样发生。

基督的工人必须注意一个试探，就是把祷告变成一个利己的自私的活动，或因我们已公开祷告，便减少了自己个人的祷告。新加坡三一神学院系统神学的陈教授（Simon Chan）指出，我们企图把祷告看成是我们的工作而不是神的主权。[1] 对侍奉

---

① Simon Chan, *Spiritual Theology* (Downers Grove, IL: InterVarsity, 1998), 131.

第二章 以基督为中心的属灵实际：从灵性枯干到结实累累

那位教导我们主祷文的主的人来说，为了对付我们祷告不单纯的目的，陈教授建议我们把自私的恳求改为以神为中心的敬拜和赞美。[①]

在英国布里斯托尔创办了基督教孤儿院的乔治·穆勒（George Muller）是一位勤奋的基督工人，并且热爱祷告。当穆勒祷告的时候，他是"与一位真心在聆听他的神交通"。[②] 他建立了一个祷告的操练，在神面前花很多的时间，以至他能更深地明白神的旨意，让他一心只想成就神的事工。他这样说："我在神的话语中寻求圣灵的旨意，圣灵和神的话语必须结合在一起。假如我只追求圣灵而忽略了神的话语，我便面对受极大迷惑的危机。假如圣灵真的在引导我们，他会按照圣经来引导我们，永远不会违背圣经的教训。我下一步会考虑神所容许的环境。这些环境，加上神的话语和圣灵，往往会清楚地显示出神的旨意。我在祷告中恳求神向我显明他的旨意。因此，借着向神祷告、研读他的话语和反思，我尽自己的能力和知识做出最好的决定。如果我心中有平安，并且在两三次恳求后仍没有改变，我便采取行动。无论是无关紧要的事，还是最重要的事，我发现这都是有效的做法。"[③] 在

---

① 同上，第 132 页。
② Kevin J. Navarro, *The Spiritual Disciplines of George Muller* (homework assign
ment for class with Dallas Willard, 1993), 18.
③ 同上，第 20 页。

穆勒多年的事工中，他都是祷告、工作、做决定，然后等待宇宙之主按他自己的时间和方式回应他的祈求。[①]

对基督的工人来说，没有花足够的时间和深度研究和认识神的话语，在这方面欠缺质、量和纯度是危险的事情。属灵生命的 X 光透视会问以下的问题："我的灵修时间是否成为了我达到目标的手段，只是为了预备讲章和 / 或查经，而不是花时间在神面前听他的声音？"

此外，背诵圣经也会大大影响我们是否能够好好地使用"圣灵的宝剑"（参见弗 6:17b）。背圣经的习惯是我们与神重新连接，让我们受保护的必须途径。正如《诗篇》119 篇 11 节所说："我将你的话藏在心里，免得我得罪你。"甚至耶稣基督也借着熟悉神的话语来胜过他生命中所有的试探（参见路 4:1-13）。因此，有智慧的人会阅读并且把圣经章节抄下来，放在显眼的地方，每天复习，把神的话藏在心里。当然，归根究底是因为我们为神大发热心，所以乐于把他的话藏在心里。

神吩咐约书亚默想他的话："这律法书不可离开你的口，总要昼夜思想，好使你谨守遵行这书上所写的一切话。如此，你的道路就可以亨通，凡事顺利。"（书 1:8）

圣言诵读（Lectio Divina）是默想神话语其中一种最好的方式，包括了四个步骤：

---

① 同上，第 33 页。

第二章 以基督为中心的属灵实际：从灵性枯干到结实累累

（1）诵读（Lectio）—— 诵读经文，了解其内容和含意；

（2）默想（Meditatio）——再读一遍，这一次注意有哪个字或短句令你印象深刻或抓住你的心；

（3）祷告（Oratio）——再读一遍，这次把那个字或短句放在祷告中，聆听神对你的教导；

（4）静思（Contempato）——再读一遍，这次在神面前安静休息／专心祷告。

穆勒不单是一个会祷告的基督工人，他也热爱研读神的话语，通过默想神的话语而更深入地认识神、亲近神：

> 我所要做的最重要的事情就是阅读和默想神的话语……我往往感到惊讶，为什么在我基督徒生命的早期没有意识到默想圣经的重要性。正如我们外在的身体若不吃东西，便无法做任何长时间的工作，我们的内心也一样。什么是内心的食物呢？不是祷告，而是神的话语；不只是简单地读一读，读完便忘记了，像水过鸭背一般。不是的。我们必须思考我们读过的经文，仔细思量并且加以应用。我们祷告的时候是对神说话。这个灵魂的操练最好是先等着内心从默想神的话语中得到滋养。我们的天父借着他的话语向我们说话，并且鼓励、安慰、教导、督责和令我们谦卑。虽然我们的灵命软弱，但蒙神祝福，我们仍然可以从默想中得到益处。我们越软弱，

就越需要更多的默想来坚强我们的内心。默想神的话语曾经帮助我，使我有力量平安地度过极大的试炼。当我们的灵因每天早上与神交通而得到复苏，差别是何等的大！缺乏灵性上的准备，当天的侍奉、试炼、试探可能令我们招架不住。[①]

穆勒也鼓励大家以一个祷告、敬拜和默想的心态读圣经。他自己"跪在神面前，祷告默想神的话语。"他也一面读圣经，一面跟神说话；换句话说，他是同时阅读、祷告和默想神的话语。

对于那些没有固定时间、没有把研读圣经作为首要事情的牧师来说，"沉浸"在神的话语中也许是他们缺少的环节。"沉浸"在神的话语中就是背诵和默想神的话语，好比用盐腌制肉和菜，让味道进到里面。这样做可以把知识从我们的头脑移到我们的内心（虽然只有 38 厘米的距离），成为我们的生命，掌控我们的行为。

在我走过我个人的黑暗幽谷后，我决定在每周内用其中的一天跟我太太一起抽时间进行心灵的静修，彼此分享神在那一天和近日教导我们的功课。我们希望借此发现我们的生命是否积极地沉浸在神的话语中，看他的话语有没有足够地进入到我们的头脑和内心，找出我们生命中的哪些部分没有顺服神的话，

---

① Kevin Navarro, 7.

专注于在未来的岁月让这些话语完全融入到我们的生命中。这个属灵的操练让我们花时间，通过神的话语和恩典了解自己的心灵，帮助我们与神有更深切的关系。我的心灵成为真的我，成为我动力的源头，掌管了我的渴求、欲望和期盼。

我们的得救既是一个点也是一个过程。说是一个点，因为我们是在那一刻转向神；但这也是一个过程，因为我们的内心需要不断地改变。神借着他的恩典在我们的心中工作，让我们通过沉浸于他的话语而结出圣灵的果子。

牧师在研读神话语方面有一个独特的试探，就是花更多的时间读解经书和各种基督教书籍，而不是读圣经。在穆勒年轻时也有同样的情况："……他爱读书却不爱读圣经"。[1] 但多年以来，他与神建立了更深的关系。穆勒约束自己，从爱读书到宁愿要"永生神的话语"。[2]

属灵生命的 X 光透视帮助我们了解自己的属灵生命。每天的认罪和悔改清除了我们灵命上的污垢。在我们深切清除了这些不健康的障碍后，保持灵命的健康应该是牧者最优先的考虑。

将我们每天在神面前的时间用一本"祷告—心思"的日志记录下来，可成为我们属灵生命的一个可靠的记录。这包括了对一段经义有足够时间的反思，等候圣灵引导我们以神

---

[1] Kevin Navarro, 5.
[2] 同上，6.

的话语祷告，把对神话语的响应以祷告的方式写下来，让我们在灵修的时候与神有互动。这日志也包括了神每天对我们的提醒，或我们对当天碰到的人和事的反省，也要把我们每天的认罪和对自己心灵的洞悉写下来。我自己深受这种属灵操练的祝福。我在面对不同的试炼和在不同时期的事工中都看到了神的同在。

当一个牧师、宣教士或教会同工走过了心力耗竭的幽谷——从灵性枯干进而把他／她属灵生命的根本问题进行深层扫除，等他／她恢复了灵命的健康，他／她便可以重燃侍奉主的热心，并在以后的日子再次经历到属灵的丰富。

第三章 从不够休息到足够的休息

摩西、以利亚和耶利米都尽心竭力，侍奉神好一段时间，并且曾经面对极大的冲突和抵挡，以致他们向神呼求，宁愿死掉也不要继续受这些折磨。他们显然是感到身心耗竭，很可能是由于他们没有足够的休息——他们对时间的管理令他们失去了工作和休息（Sabbath）之间的平衡。

由于身心耗竭可能是因过量的侍奉引起的，我们自然会问："为什么要工作呢？"或"为什么要侍奉呢？"首先，工作和侍奉都是神认可的。《创世记》2章2节告诉我们神自己也工作："到了第七日，神造物的工已经完毕⋯⋯"耶稣，我们的救赎主，他也工作。他先是做木匠的世俗工作（参见可6:3），然后正如他在《约翰福音》5章17节所说："我父作事直到如今，我也作事。"我们由此看到，神一直在做工。"工作"一词来自希腊文的 ergon，这个词"除了代表神创造之工外，也包括耶和华在历史中的作为。神在历史中向以色列显示他守约的信实。然而神的作为不只意味着保守和拯救，也意味着审判。"（如赛 28:21）[1]

---

[1] Hans-Christoph Hahn, "Work," in The New International Dictionary of New Testament Theology, vol. 3, ed. Colin Brown (Grand Rapids, MI: Zondervan, 1978), 1148.

此外，圣经也一贯要求神的百姓工作（参见出 20:9 ；帖后 3:8、10）。神在人类坠落以前就发出第一个要他们工作的命令，因为神吩咐他们"要生养众多，遍满地面，治理这地"（参见创 1:28）。因此，"耶和华神将那人安置在伊甸园，使他修理看守。"（创 2:15）神在人类坠落以后也命令他们工作，但这工作会较困难，因为人坠落后，神说："地必为你的缘固受咒诅，你必终身劳苦，才能从地里得吃的。"（参见创 3:17）还有，"这操作劳苦是因为耶和华咒诅地"（参见创 5:29）。柏恩邦（John Bernbaum）和史蒂尔（Simon Steer）这样说："因为人的坠落，工作不再是神要它成为的纯粹的喜乐。祝福变成了重担，而喜乐则变为辛劳。"[1]

从另一个角度来说，刘易斯（Gordon Lewis）和德马雷斯特（Bruce Demarest）指出基督徒（包括牧师在内）应该"享受在世上的每一天，不论他们已经退休还是仍在工作。像诗人所说：'这是耶和华所定的日子，我们在其中要高兴欢喜。'（诗118:24）"[2] 他们也指出工作乃是神原本对人的计划。工作是指"使用我们的体力和脑力，通过我们所受的训练，尽一己所能制造出高质量的产品或提供别人需要的服务，以至我们'就可

---

[1] John A. Bernbaum and Simon M. Steer, *Why Work? Careers and Employment in Biblical Perspective* (Grand Rapids, MI: Baker, 1986), 3.
[2] Gordon R. Lewis and Bruce A. Demarest, *Integrative Theology*, vol. 2 (Grand Rapids, MI: Zondervan, 1990), 63.

有余,分给那缺少的人'(参见弗 4:28)。"[1] 基督在十字架上的牺牲除去了我们的咒诅,并重新委派他的门徒去完成神在人坠落前对人类的计划。

早期的基督徒很容易明白顺服我们的主好比奴隶顺服主人。弗格森(Everett Ferguson)发现"罗马居民中每五个人便有一个是奴隶……奴隶没有法律上的权利,主人有绝对的权力。"[2] 约翰·麦登(John Madden)补充说:

> 尽管奴隶制度古时盛行于地中海周围的所有国家,但罗马人比其他任何人都拥有更多的奴隶,并且更依赖他们……根据这个事实,当斯特曼(Westermann)、霍普金斯(Hopkins)及其他人尝试估计在公元后一世纪罗马城中奴隶的总人数,我们可以知道他们是很谨慎的。霍普金斯估计在奥古斯都(Augustus)的年代,罗马人口大约是 900,000–950,000,奴隶的人数大概是 300,00–350,000,这估计似乎是可信的。[3]

此外,耶稣所关心的并不是门徒的社会地位,而是要"(他

---

[1] 同上,第 65 页。

[2] Everett Ferguson, *Backgrounds of Early Christianity* (Grand Rapids, MI: Eerdmans, 2003), 59.

[3] John Madden, "Slavery in the Roman Empire: Numbers and Origins,"*Classics Ireland 3* (1996); 购买网址:http://www.ucd.ie/classics/96/Madden96.html(访问于 2011 年 1 月 17 日)。

们）的光也当这样照在人前，叫（别人）看见（他们）的好行为，便将荣耀归给（他们）在天上的父。"（参见太 5:16）因此，荣耀并不是归于门徒，而是归给创造和救赎他们的那一位。

奖赏是对人努力工作的一种激励，但不幸奖赏也可能令人为了过分地追求它而忽略了他们所需要的休息。圣经中的奖赏包括了工资，还有物质和属灵方面的报酬。一方面来说，"神对罪的处理有时候被形容为罪应得的报酬，主要的经文是《罗马书》6 章 23 节。这节经文中提到的工价指出永死乃是罪应付的代价，而永生却是一个礼物。"[1] 另一方面，奖赏也可以成为一种正面的动力，驱使牧者成为"良善忠心的仆人"。由于那些对福音保持忠心的人会得到冠冕的奖赏，[2] 所以保罗等待审判的主耶稣基督在"那日"赏赐他"公义的冠冕"。（参见提后 4:8）

陶纳（Towner）解释说，保罗使用了冠冕和体育竞赛的象征，

---

[1] James C. Wilhoit, Tremper Longman III, and Leland Ryken, ed., *Dictionary of Biblical Imagery*, (Downers Grove, IL: InterVarsity, 1998), s.v. "Wages."

[2] Gordon D. Fee 在 *The First Epistle to the Corinthians* (Grand Rapids, MI: Eerdmans, 1987), 437. 中有不同的看法，他认为，"冠冕不是指某些特定的目标，而是象征着在末世的胜利。" Craig L. Blomberg ("Degrees of Reward in the Kingdom of Heaven?" *Journal of the Evangelical Theological Society* 35 [June 1992]: 163) 补充说，"永生和死亡是利害攸关的问题，而不是奖赏等级的问题。"

特别把神对基督徒生活的指示和命令两方面结合起来——把神已经成就和将会成就的事，巧妙地与人可能有的和需要有的适当反应交织在一起。《提摩太后书》4 章 8 节更深入地对奖赏加以描述，从末世的观点来看奖赏。"主必照他所行的报应他"（参见提后 4:14）这句话就是指最后的审判，因此"主"被描述为"公义审判的主"，而赏赐（审判）的日子被称为"那日"（参见提后 1:12）。①

那些爱神和在试炼中忍耐到底的人会得到"生命的冠冕"（参见雅 1:12；启 2:10，3:11）。忠于羊群的长老在我们的大牧长显现的时候会得到"荣耀的冠冕"（参见彼前 5:4）。②

事实上，奖赏的教义从《创世记》15 章 1 节已很明显，耶和华在异象中对亚伯兰说话："我是你的盾牌，必大大的赏赐你。"这教义贯穿《启示录》22 章 12 节。耶稣在那里宣告说："看哪！我必快来！赏罚在我，要照各人所行的报应他。"圣经对地上和天上的奖赏、物质和属灵的奖赏做出分辨，旧约和新约也对奖赏有不同的"概念"。旧约的奖赏与美好的生活有关，新约的奖赏指向"在将要到来的国度所得的奖赏……鼓励信徒在困难的时候持守信心……得到一个看不见的天上的奖赏为信

---

① Philip H. Towner, *The Letters to Timothy and Titus* (Grand Rapids, MI: Eerdmans, 2006), 616.

② James Wilhoit, Tremper Longman III, and Leland Ryken, *Dictionary of Biblical Imagery*, s.v. "Crown."

徒提供了安慰和持续的盼望，鼓励他们不要灰心。"[1]

旧约的一个问题——不断观察到恶人亨通而敬虔的人却受苦，似乎违反了神祝福敬虔人的应许。这现象早从该隐把亚伯杀掉时开始，然而敬虔的人往往在经过试炼后更加敬畏神。他们有信心：一切在神里面都会重归美好（参见诗 49:15，73:15-38；伯 42:1-6）。尽管他们可能失去财物或祝福，但拥有神作为他们"杯中的份"（奖赏）令他们感到荣幸。[2] 主自己（不是他的赏赐）是他们最大的奖赏："耶和华是我的产业，是我杯中的份；我所得的，你为我持守。"（诗 16:5）[3]

很多人意识到耶稣对奖赏有不同的教导。首先，他把奖赏与跟他自己的个人关系联系在一起（参见太 19:29）。其次，他教导说奖赏有不同的程度，在天国里有最大的和最小的，也有不同程度的服侍（如管理五个城和十个城的分别，参见路 19:11-27）。第三，这奖赏也可能是一个人所结的果子，包括了人在内。保罗也在他的书信中提到这概念，说帖撒罗尼迦人是他"的盼望和喜乐，并所夸的冠冕"（参见帖前 2:19）。第四，奖赏是有最高层次的——今生的一百倍，并且有永生。第五，耶稣把奖赏与恩典的概念结合在一起，保罗把这点发展成"在

---

① Wilhoit, Longman III, and Ryken, s.v. "Reward."
② James E. Rosscup, "Old Testament and New Testament Conceptions of Reward for the Godly"（在福音派神学年会上提交的论文文字记录，Toronto, ON, December 28, 1981), 4.
③ 同上，第 6 页。

基督里"的概念和不同程度的奖赏（参见林前 3:8；林后 9:6）。奖赏其实就是能够与神有令人振奋的交通，并且为了他的荣耀侍奉他。使徒（evangelists）和保罗从未暗示各人所得奖赏的丰富在平等性上有差别，而是在程度上有所不同。也就是说，奖赏是按着各人的侍奉能力、他扮演的角色、他的职位而有分别。①

奖赏教义的反对声音指出奖赏会令基督徒不单是出于爱主和感谢主而侍奉他，而且为了寻求自己的益处，并且使人骄傲。假如基督徒的忠心顺服可以为他们带来奖赏，他们便有夸口的理由。他们可以为他们的奖赏感到自豪。这教义与恩典的福音形成了对立，因为我们"得救乃本乎恩"，我们成圣也不是出于行为。

布隆贝里（Blomberg）对奖赏的整个教义发出挑战，并建议说除了永恒的救恩以外，不会有其他的奖赏。他认为奖赏（指救恩）会把基督徒和非基督徒分别出来，而不是在基督徒中做出区分。② 他指出基督徒之间的差别是微不足道的，以为某些人的奖赏会比别人多，就是没有明白我们在神面前都不是义人。奖赏的差异会令人有后悔和难过的感觉，但天堂里面不应该有任何悲伤。此外，如果一切在天堂都会变得完美，那么讨论不同程度的完美似乎不合逻辑。但对布隆贝里来说，奖赏最大的危险是其中隐含着的善行、公义的概念，并令某些人因他们的

---

① 同上，7-9 页。
② Blomberg, "Degrees of Reward," 160.

好行为而错误地以为自己有得救的确据。

霍奇斯（Zane Hodges）有相反的看法。他认为尽管救恩纯粹是神无条件的恩典，基督徒公义的顺服却会使他们得到天堂的奖赏。也就是说，不结果子的生命令他们得不到天堂的奖赏，他们却不是没有救恩。[1]迪斯利（Emma Disley）补充说，大部分对这想法很肯定的新教徒，都是被圣经在这方面所提供的大量证据所说服的。这些证据似乎显示未来的奖赏有不同的程度，正如惩罚也有不同的程度。当加尔文拒绝接受一般人对《哥林多前书》15章41节的解释，拒绝把这节经文应用于圣徒有不同程度的尊荣与荣耀的解释上，他却向读者保证有不同程度的奖赏这个教义是真实的，并且有其他经文加以证明。[2]

由于职任倦怠与失去个人的成就感有关，所以我们应该先弄清追求奖赏到底是否符合圣经，追求奖赏到底是方式还是目标？詹姆斯·麦当劳（James McDonald）从耶稣的教导做出结论，认为奖赏是主给我们的应许，但不是目标。[3]拉姆齐

---

[1] Zane C. Hodges, *Grace in Eclipse: A Study on Eternal Rewards* (Dallas, TX: Redencion Viva, 1985), 4-6. 转引自 Paul D. Kim, "Reward and Sanctification" (D. Min. diss., Westminister Theological Seminary, 2001), 5, note 6.
[2] Emma Disley, "Degrees of Glory: Protestant Doctrine and the Concepts of Rewards Hereafter," *Journal ofTheological Studies* 42 (April 1991): 89.
[3] James I. H. McDonald, "The Concept of Reward in the Teaching of Jesus," *Expository Times* 89, no. 9 (1978):270.

（Ramsey）详细阐述说奖赏永远不应该是我们行动的目标。奖赏是按照行动的性质而分发，不是行动本身的直接结果，以免做事的人会斤斤计较。如果他真的斤斤计较，他行动的性质便会改变，不属于主应许奖赏的那种行动。假如他是为了奖赏而做事，他仍未达到神对他的要求，仍未完全信靠和顺服，仍未对神有专一顺服的爱。[①]

因此，我们同时是"凭恩典得救"，也是"凭恩典行事"（参见弗 2:10）。即或是奖赏有不同的程度，奖赏基本上乃是神恩典的赏赐，鼓励我们忠心地跟随主；奖赏本身并不是基于我们的表现。这样的了解应该减低以个人成就为目标的危机，这种危机正是引起职任倦怠的一个原因。

从神工作的角度来说，三一神一直在创造和救赎方面做工。神发动拯救以色列人离开埃及的计划，并决定事情发生的时间表（参见出 14:13）。神也采取行动，在以色列民面前赶走迦南地的居民（参见出 34:10）。在以色列人的历史中，他们一直尊神是那位行奇事、有大能作为的神（参见申 3:24）。《约翰福音》的作者也强调神的工作和耶稣的工作之间的关系（从希腊文的 ergon 和 ergazomai 表现出来）。耶稣做的所有事情都基于一个动机：做神差派他做的工作（参见约 4:34），让神的作为彰显出来（参见约 9:3）。耶稣所做的是神的工，他

---

① 同上。

用他的行动和话语有效地执行神的工作（参见太 11:2；路 24:19）。此外，门徒作为主的福音使者，要做比耶稣所做的"更大"的事情（参见约 14:12）。

在保罗的书信中，信心和行为有明显的分别：我们不是靠满足律法／诫命的行为称义，而是光凭信心称义。另一方面，尽管基督的门徒不是因善行得救，但神拯救他们是为了要他们行善（参见弗 2:8-10）。在基督教事工中，工作的人被称为与神"同工"的人（参见林前 3:9）。在教会的工作可以说是"在主里面"的工作（参见罗 16:12）。因此，为教会工作的牧师是在"作主工"（参见林前 15:58）。

在新约圣经，牧师包含着"牧人"的意思。"这对于一世纪的信徒来说特别有意义。他们明白羊跟牧人之间的关系。牧人会喂养、引导和保护羊群，'照顾'羊的成长和各方面的健康。"[①] 牧者必须忠于基督——牧人之首（参见彼前 2:25）。牧养的工作是由神按立的一个属灵恩赐。侍奉主对门徒来说是一种荣幸（参见路 22:26），因为牧师是神呼召他们出来服侍的人。Energia（工作、运作、行动）这个词在保罗的书信中出现了 8 次，显示出神在基督里（参见腓 3:21）、在圣灵里（参见林前 12:11）的大能，神把这大能赐给使徒（参见弗 3:7）和基督

① David A. Mapples, "The New Testament Elder, Overseer, and Pastor," *Bibliotheca Sacra* 154 (Apr.-June 1997):167.

的身体（参见弗 4:16）。[1] 此外，耶稣也向门徒保证，他会与他们同在，以成就神给他们的大使命（参见太 28:19-20）。

牧师是主的门徒、神的仆人，被神呼召的牧者是神的同工（参见林前 3:9）。牧师和其他肢体同为肢体，他们之间彼此合作（希腊文是 synergeō），他们是同事（希腊文是 synergos）。当牧师在苦难中经历"互相效力"（参见罗 8:28），他们会与神和其他教会同工合作，努力持守，一起拓展神的国度（参见西 4:11）。

身心耗竭并不只是工作过量的结果，也是因为缺乏休息和没有守安息日。我们在《创世记》2 章 1 节至 3 节和《出埃及记》20 章 11 节的第四条诫命中看到安息日与创造的关系。有一篇专题论文企图"挑战这个'周日传统对个人和教会仍有约束性'的观点，并且挑战支持这个看法的神学观点。"[2] 在这个对安息日 / 星期日的争论中，作者拒绝接受传统上和严守安息日的人的理解。他们主要的论点是认为摩西的律法已不再对信徒有约束性，如今的信徒是借着已经成就了的爱的律法和按照圣灵而行，为神而活。

---

[1] Hans-Christoph Hahn, "Work," in *The New International Dictionary of New Testament Theology*, vol. 3, ed. Colin Brown (Grand Rapids, MI: Zondervan, 1979), 1152.

[2] A.T. Lincoln, "From Sabbath to Lord's Day: A Biblical and Theological Perspective," in *From Sabbath to Lord's Day*, ed. D. A. Carson (Grand Rapids, MI: Zondervan, 1982), 403.

在一般的情况下，牧师会选择除周日以外的一天，花时间在神面前，并与家人和其他人在一起。那一日便是牧师的安息日。当我们明白安息日真正的意义，就知道任何时间都可以作为牧师的安息日，因为主的复活开启了他统治的大能，彰显了他的神性，也把每一天变成了他的圣日。[①] 根据《哥林多前书》1 章 8 节至 11 节和《哥林多后书》3 章 16 节至 17 节，律法有教导的功用，但必须以基督已成就的事来重新阐释。[②] 正如我们这些牧者的大牧人所指出的："安息日是为人设立的，人不是为安息日设立的。"（参见可 2:27）因此，虽然牧师因为他们的侍奉而无法在周日守安息日，但他们仍然可以有自己的安息日。

在基督教的历史中，曾经对安息日有不同的看法。刘易斯（Lewis）和德马雷斯特（Demarest）认为由于安息日是为我们的好处而设立，所以那些没有把七天中的一天分别为圣的工作狂便错失了这份祝福。那些一周七天超时工作的人也许把工作看成是他们的生命，没有意识到他们个人的重要性。工作狂低估了与他们的造物主和其他信徒交通团契的重要性。神曾经亲自"赐福与安息日，定为圣日"（参见出 20:11）。[③] 刘易斯和

---

① 同上，第 405 页。
② Mark Timothy Billington, "The Sabbath as a Theological Framework for Leadership Formation" (D. Min. Diss., Gordon-Conwell Theological Seminary, 2007), 28-29.
③ Lewis and Demarest, Integrative Theology, 65.

德马雷斯特似乎支持把"周日作为安息日"的观点。

加尔文跟阿奎那（Aquinas）一样，主要基于神自己也在创造的第七天休息，相信应该把七天中的一天分别出来敬拜神。正如加尔文所指出："我们特别选择用每个第七天来补足我们平常每天默想的不足之处。起先，神休息……他把第七天分别出来用以休息，以他自己的例子作为一个永远的规则……耶和华……说他将安息日赐给他的百姓，证实叫他们成圣的乃是耶和华（参见结 20:12）。属灵的休息就是把肉体处死，以至神的儿女不再为自己而活，或放纵他们的情欲。虽然我认为以安息日代表这方面的休息只是暂时性的，然而安息日是神从起初就赐给人的命令，让他们可以敬拜神，应该继续持守这命令的看法是正确的。"[①]

其他在改革宗阵营的人进一步发展这个立场，提出十诫命令我们遵守这样一天的休息和敬拜：

> 安息日运动……是清教徒发起的成果。他们对严守安息日的理解是基于《威斯敏斯特信条》（Westminster Confession of Faith）……贝克维思（Beckwith）和斯托得（Stott）是提倡严守安息日的现代例子。他们相信星期天（基督徒的"主日"）跟

[①] John Calvin, Commentaries on the First Book of Moses called Genesis, trans. John King, vol. 1 (Grand Rapids, MI: Eerdmans, 1948), 106-7.

星期六（犹太人的安息日）实际上是对等的，并且应该被分别出来作为休息和敬拜之用。[1]

另一个观点认为在星期天守安息日是适当的一天。马丁·路德（Martin Luther）强调"每个星期抽一天来休息敬拜，并不是一种宗教上的责任，而是有实际的需要，用作休息和接受宗教教育。"他甚至愿意说这一天应该是星期天。[2] 路德这样说：

> 神祝福并将第七天分别为圣。神对其他生物并没有这样的要求。我们从这一点可知第七天是适宜并应该特别被用于公开敬拜之用，因为"分别为圣"的意思就是把一些东西与别的东西分开，并把这些东西献给神……安息日（或神的休息）的意思就是神（在那一天）借着他的话语向我们说话，我们也借着信心和祷告向神倾心吐意。[3]

然而路德所根据的是传统和历史，而不是圣经："由于从很久以前就以星期天（主日）作为这个用途，我们应该继续这样做，让事情和谐协调，并然有序，不会因不必要的新安排而

---

[1] Billington, Sabbath as a Theological Framework, 23.
[2] 同上，第 26 页。
[3] Martin Luther, *Luther's Commentary on Genesis*, trans. J. Theodore Mueller (Grand Rapids, MI: Zondervan, 1958), 40.

造成混乱。"①

从旧约到新约都清楚地指出"安息日的概念可以提醒我们要积极地敬拜，不管是在指定的一天，或更合宜地说——每时每刻。"② 神的心意是要他所有的百姓（包括牧师在内）同享这安息。这是我们的大牧者耶稣基督的恩赐，让每一个相信他和侍奉他的人都可以同享这"安息"。对牧师来说，安息日的原则也没有分别。如果他们自己不守安息日，他们就会失去工作、侍奉和休息之间的平衡，变得疲倦、衰竭、胆怯、没有能力。

"在神里面的休息"意味着心中的平安，新约和旧约经文都认为这种平安极为宝贵。从一个牧师的角度来看《马太福音》11 章 28 节至 30 节，"劳苦"使我们想到情绪耗竭的牧师，在侍奉上感到心力衰竭。"担重担"形容在沉重担子下的无助感。我们的大牧者耶稣给他门徒（牧师）的安息，取决于这些门徒跟耶稣的关系。这是通过门徒每天意识到他们的需要而得到的一种心灵上的安息。耶稣所赐的休息体现于牧师的心灵，是一种深邃的内心的平安（shalom）——牧师对他因顺服神的命令而作的侍奉感到幸福快乐。这是一个每天都依靠神的过程，有一颗谦卑受教的心，接受神每天的指引，明白只有这样才能担负得起牧师的事工。牧师若能够这样，便可以劳力工作，却同

---

① Billington, *Sabbath as a Theological Framework*, 26.
② 同上，第 86 页。

时不断地经历神保守他们的恩典，以至他们不会被压垮或感到绝望（参见林后 4:8-9）。

某些牧者和会众往往把牧师的呼召看成是一周 7 天，每天 24 小时的委身。若牧师开口要求甚或暗示休息是他们有效地侍奉的关键因素，便会被认为他们没有全心全意地献身。保罗·维泰洛（Paul Vitello）在一篇最近发表的文章中（Taking a Break from the Lord's Work），帮助我们明白把"休息"安排进侍奉中的重要性，并且提出缺乏"休息"会怎样促使心力耗竭和最终导致牧者放弃侍奉：

> 过去几年的发现显示出一个向来没有受注意，却是不好的趋势：牧职人员当中比起美国大部分人口有较高的机率患上肥胖症、高血压和忧郁症。在过去十年，他们使用的抗忧郁药有所增加，寿命却缩短了。

> 杜克大学（Duke University）从 2007 年开始的一个为期 7 年的关于神职人员健康的研究，发表了第一批结果……他们调查了 1,726 个在北卡罗来纳州的循道公会牧师。与他们调查区的邻居相比，牧师群体明显有较高比率的风湿、糖尿、高血压和哮喘。牧师中患上肥胖症的人比其他人多出 10%。

> 美国福音派路德教会最近的内部调查也反映出

这些结果。他们发现牧者中有69%报告说有超重问题，64%有高血压，13%在服用抗忧郁药。长老会在2005年做的一个调查……也特别注意到与1970年相比，在侍奉的头五年离开牧职的人数增加了四倍。[1]

一个美国长老教会的退休牧师麦卡琴（Stephen McCutchan）也看到了牧职人员休息不足的这个趋势："在我的经验中，照顾牧职人员的困难来自于牧职人员本身。他们感到那是他们要做的又一项工作，但他们做得并不好。"[2]

假如牧师没有注意自己身体、精神和灵性方面的健康，他们便会错失照顾会众的机会：

> 当他们筋疲力尽，他们实在跟他们的很多会众并无两样。这个世界的每一个人在时间方面都很有压力……学习怎样把时间分配好而仍然能达到目标，是一种很重要的生活平衡。我认为牧师没有把这个方面视为他们的见证，他们以为这是额外的事情。他们认为"等我把工作做完，我便会有时间来休息"，而不是认为"这是我个人见证的重要部分。"[3]

---

[1] Paul Vitello, "Taking a Break from the Lord's Work," *New York Times*, Aug. 2, 2010.

[2] Stephen McCutchan, 转引自 Vitello, "Taking a Break."

[3] 同上。

联合卫理公会的牧师每星期工作 56.2 个小时，每月有 12 个晚上因教会事工而不能在家。[1] 当研究继续进行，越来越多的健康专家和宗教领袖都同意有一个简单，却在很多牧者中一直是敏感话题的补救方法——"抽时间休息"。[2] 彼得·史卡吉罗（Peter Scazzero）极其同意并且坚持说：

> 我们每周都拿出 24 小时守神的安息日，用合乎圣经教导的方式来安排那一天的时间——静止、安息、以神为乐、默想。我们也要最起码用另外半天的时间来处理生活中的其他"事情"，不做（教会）的事情……[3]

不足够的休息显然促成了牧师的身心耗竭。在现代快步调生活的压力下，牧师面对生命中很多的挑战。在社会风气的影响下，牧师的角色似乎承受着一周 8 天，每天 25 个小时不断的压力。[4] 希克曼（Martha W. Hickman）形容我们对没有安排事项的时间的畏惧："如果我不是在做事情，那么我是谁呢？如果我有空闲的时间，我内心的恶魔——那些我靠忙碌回避的思想、恐惧和其他的可能会回来吗？我会不会感到无用或不知

---

① 同上。
② 同上。
③ Peter Scazzero, 转引自 Vitello, "Taking a Break."
④ Vitello, "Taking a Break."

所措？别人会不会对我加诸别的新期望？"[1] 哈尔特（Archibald Hart）同意这样的看法……

> 牧者往往不知道该怎样放松……那种占据你睡醒后每一分钟的工作（事工往往如此），日积月累，可以导致忧郁症。牧师中一种很普遍的忧郁症……紧随牧师完成星期天所有的职责后出现。星期天下午和星期一早上会带来一种独特的忧郁症，称为"肾上腺激素上升过后的忧郁症"（post adrenaline blues）。这纯属生理上的反应，却往往被牧者错误地诠释和理解……从一星期的开始，焦点一直是在星期天的敬拜或布道聚会。准备讲章、安排敬拜程序、挑选圣诗、探访新人，等等。这一切都以星期天的活动为目标和高潮。牧师往往没有察觉到周末的活动令他感到焦躁，他血液中的肾上腺激素逐步稳定上升……星期天的活动一结束，肾上腺系统便垮下来。结果，牧师很可能感到失望和经历一段时间的情绪低落……这种"肾上腺激素上升过后的忧郁症"往往被牧师误解。

> 他们往往把问题属灵化，把情绪低落归咎于错误的原因，因此更进一步地增加了他们的困扰。处理"肾上腺激素上升过后的忧郁症"最好的方法是

---

[1] Matha Whitmore Hickman, 转引自 Vitello, "Taking a Break."

让自己有充足的时间休息和恢复。这种情绪低落的
现象只是一种身体的反应，不应该有别的解释。[①]

1. 从休息不够到有全面和足够的休息

为了在这旅程有所进展，我们要克服两个障碍：对执行安
息日的误解和决定在什么时候守安息日。安息对受西方文化影
响的牧师来说也许很困难，因为尽管他们刻意地寻求休闲活动，
却仍然感到疲累。相反，东方文化下的牧师（更常有"工作狂"
的倾向）不会刻意地寻求休闲时间，他们也感到极其疲累。这
两个文化下的牧师不管实际上工作了五天或七天，都因为没有
得到"真正"的安息而经历职任倦怠。

一个为了追求有卓越侍奉成绩而工作过量的牧师，他们
通常会经历职任倦怠，尽管牧师有"假期"——安息年、五天
的工作周、休闲时间等等，但他们仍然可能经历职任倦怠。因
此，踏上这个旅程的第一步就是要自我反省安息的重要性。

牧师可以自己决定在什么时候守他们的安息日。没有哪一
天或哪段时间比另一天更好，因为每一天都"是耶和华所定的
日子"（参见诗 118:24），并且"安息日是为人设立的，人不
是为安息日设立的"（参见可 2:27）。这样有弹性地实行圣经

---

① Archibald Hart, "Fuller Seminary Study," 曾 被 引 用 于 the Glen Eyrie
Conference Center, Colorado Springs, CO, November 7-10. 1991.

在安息日上教导的真理，特别适合某些文化。例如多米尼加共和国的牧师通常在一周的六个工作日后仍没有一天休息，但他们却会在一天的工作中拨出一段休息的时间。

在排除了以上的两个障碍后，我们可以问以下的热身问题：我为什么侍奉？我侍奉的动力在哪里？如果我从侍奉中抽时间休息，我会感到内疚吗？如果会，那是为什么呢？我在什么时候守安息日？

拿撒勒神学院的"教牧关怀与辅导课"教授施瓦茨（Judith A. Schwanz）指出："守安息日不是软弱的表现……神不但命令我们要守安息日，他自己也守了第一个安息日。神不需要休息，但神选择设立一个工作和安息的节奏。"[1]

牧师应该小心他们不守安息日可能用到的借口："我没有时间！"、"我有更重要的事情要做！"、"我身负太多责任！"、"别人期待可以找我帮忙！"、"我觉得我不需要休息！"[2]

牧师确实需要休息。事实上，他们需要有五方面的休息才能够得到更新。属灵的休息是最重要的一项。我们祈求神"以他的平安覆盖我们"，不只是求他"保守我们出入平安"。[3]

---

[1] Judith A. Schwanz, Blessed Connection (Herndon, Virginia: Alban, 2008), 162.
[2] Michael Todd Wilson and Brad Hoffmann, *Preventing Ministry Failure* (Downers Grave, IL: InterVarsity, 2007), 175-8.
[3] Abraham Joshua Heschel, The Sabbath (New York: Farrar, 2005), 23.

2. 属灵的休息

牧师可以安排退修的一天。安排一天来研读神对以利亚的爱，从中可以让他们受益匪浅。神让牧师重新得力的计划包括了在身体方面（饮食和休息）、情绪方面（表达情感和建立友谊）、精神方面（支持团队的成员）和灵性方面（肯定神的看顾）。以利亚（另一个受伤的领袖）的情况显明了神用以治疗职任倦怠四个症状的良药。牧师可以在这一天阅读以利亚的信心之旅，从中学习怎样医治他／她自己信心的不足，同时通过阅读《乔治·穆勒的自传》（*The Autobiography of George Muller*），从他身上学习信心和爱的功课。

牧者在安息日中用日志记下他的一些属灵自省，也是一个很好的做法。他们可以在日志中鉴察以下的 13 个领域：

（1）对神的爱。我以哪些方式表示我爱神？我现在是否比以前更亲近神？具体表现在哪些方面？为什么是或不是？

a. 我心目中的神到底是怎样的一位神？我可以怎样"看见"或经历神？这有随着时间而改变吗？

b. 我是愿意在神面前谦卑、感谢、赞美和认罪，还是我爱争辩、质疑和咒诅呢？神对我来说很真实吗？我如何处理"枯干"或困难的时候？我的人际关系跟神有什么关系？

c. 我在什么时候最亲近神？什么时候最远离神？有什么东西影响我对神的感受和与神的关系？

（2）对邻舍的爱。谁是我的邻舍？我能够怎样实际地去爱他们？我以什么方式去爱那些没有或不能够帮助或回报我的人？我怎样去执行公义、发出怜悯或照顾穷人的需要？谁是我的敌人，我对他们有怎样的反应？我什么时候对别人的需要有所牺牲？具体有怎样的牺牲？我对别人很肯定还是很挑剔？我有没有为了满足自己的需要而利用别人？在我的生命中，我到底在侍奉谁？

（3）自我。我在哪方面最容易自高或自卑？我怎样平衡尽己力和依靠神？我对自己、我的背景、恩赐和能力有多么感恩？我在哪方面焦躁不安、骄傲、有负担，或在哪些方面有喜乐和自信？我的性生活讨神喜悦吗？我怎样应付权力、野心或骄傲？神怎样在我的生命中工作？

（4）祷告。我什么时候和怎样祷告？我在祷告的学习上有进步吗？我怎样学习祷告？我在祷告方面有什么挣扎？哪一类形的祷告吸引我？我愿意从哪里寻求帮助，使我在祷告方面有长进？

（5）属灵操练。

a. 独处的操练：哪些操练是我最常用？最少用？从来没有用过的？为什么？我忽略了哪些操练，为什么？哪些操练对我最有好处？哪些会帮助我属灵的长进？

b. 群体的操练：有哪些操练是我与别人一起实行的？我是否经常、很少，或从来没有这样做？如果没有，为什么？我忽略了哪些操练？哪些操练对我和群体来说最有帮助？

（6）肉体的工作／圣灵的果子。根据《加拉太书》5章，

分别列出肉体的工作和圣灵的果子。用几天时间，选择列表上的一两项仔细思量，问以下的问题：这个品性或行为反映出信心的恩典吗？我应该在哪方面寻求帮助、找寻方向或力量，或在恩典中欢欣快乐？在每次反省后都以祷告结束。

（7）如何平衡我生命中的恩典和罪疚感？怎样令恩典增长而让罪疚感失去力量？依靠圣灵在我生命中扮演了什么角色？如今"信"、"望"、"爱"在我的生命中占了什么位置？

（8）忠心。神赐给我哪些恩赐／能力／激情？我怎样使用这一切？思想一下才干的比喻（参见太25），问自己：我是这个故事中的哪一个人物？我期待神会对我怎样说？为什么我会这样想？我希望神对我怎样说？我需要有什么跟现在不一样的改变？

（9）正直。我公开的和私底下的生活、别人看见的一面和只有神看见的一面有多么一致呢？我的声誉与我的实际相符吗？我有没有守信，是否值得信赖？我的生命和动机可以经得起别人的审查吗？

（10）顺服。在一般或在困难的情况下，我有多么愿意顺服神的旨意？我有没有努力寻求明白和执行神在圣经中和借着圣灵向我的启示？我有没有遵行耶稣对我的吩咐？

（11）团体。我有没有参与有意义和有爱心的教会团体？假如我已经结婚，我有没有爱和忠于配偶？在我与别人的关系中，我有多么仁慈、有爱心和愿意饶恕？我是否需要向任何人求饶恕？我是否需要饶恕任何人？我是否跟别人有彼此负责的关系？我的舌头是否受管制？我有没有适当地处理怒气？我是否很好客？

（12）钱财。金钱在我的生命中有什么力量？我怎样使用我的金钱和其他资源？我是不是一个乐于付出的人？我是否对钱财管理有方，没有欠债或没有欠过多的债？我有没有慷慨地捐赠？我有没有跟任何我尊重的人讨论我的经济状况？我是否愿意让其他信徒知道我怎样花钱？我怎样把祷告和圣经原则应用于我的经济状况？

（13）长处和弱点。我有什么恐惧，我怎样应付这些恐惧？我在患难中是否知道神的安慰？我怎样应付软弱和苦难？遇到失败时我会怎么办？我怎样面对成功和长处、压力和紧张？我有没有面对自己会死亡的现实？我是否准备好尽力地过好我的一生，并且靠神的恩典，充满信心地面对死亡？

我们在侍奉过程中难免碰到苦难，我们可以在这个日志中记下自己的挣扎。牧师不必逃避受苦的现实，或抗拒这痛苦。牧者可以仿效耶稣在受难前一周的榜样，思想自己进入黑暗，踏上十字架的道路，和看到已经复活的耶稣：

a. 进入黑暗——"在十字架之下活出日常的生活，意思就是不逃避生命中错综复杂的事情。"[1]

b. 踏上十字架的道路 —— "踏上这条祷告的朝圣道路，

---

[1] 同上，第 118 页。

就是把我们自己沉浸于基督的激情中，从耶稣在客西马尼园的祷告开始。"[1]

c. 看到已复活的耶稣基督——"在你的日志中记录下在你生命的哪一方面曾经看到复活的基督？特别当你在痛苦或忧伤、有怀疑或失望、害怕或焦虑的时候，或很难在你的生命中看到他的时候。是否通过一句话、一个感动、一个声音，或你对他的认识得到肯定，你感到有平安、有新的洞悉、有安息或知道该怎样往前走？耶稣过去与你的同在是怎样的感觉？这感觉对今天困扰你的事情会有什么帮助？"[2]

此外，在我们实行属灵安息的时候，我们可以选择应用在神面前"休息"的属灵操练。诗人建议我们要休息和知道神是谁（参见诗 46:10）。另一方面，当我们处理世上事情的时候，我们最先的自然反应是压制我们真正的感受。"我们可以暂时压抑和否认问题，但问题终会浮上表面，并且以惊人的爆发力量催毁生命。假如我们经常花时间休息，我们便有可能一步一步地处理问题，减少其逐渐加增的破坏力。"[3]

对那些一直在对付他们灵命中黑暗面的牧师来说，对现实做出自我审视会很有好处，例如看看瘾癖有没有对他们的灵命

---

[1] 同上，第 120 页。
[2] 同上，第 120 页。
[3] Stephen W. Smith, *Embracing Soul Care* (Grand Rapids, MI: Kregel, 2006), 122.

造成威胁。审视一下你家人的历史，看看在你的父母、兄弟、姊妹、祖父母、表亲中有没有瘾癖的问题？当你考虑自己有没有在哪一方面有"瘾癖"，在你的内心里有什么东西浮现出来了呢？你又可以怎样成为那些有瘾癖的人的朋友呢？

关于沉迷工作的问题，你有没有从你的文化背景中看到有什么催使你超量工作的因素？你的文化在哪些方面肯定和赞赏工作狂？为什么？你怎样才可以知道你的工作和生活很平衡，没有导致工作上瘾的问题？[1]

安息日是让我们情绪上得到休息的一段时间。牧师在原生家庭养成与别人互动的方式，会影响他们所有的人际关系。为了在这方面做出探讨，牧师可以列出一个多代的家谱图，从他那一代开始，往回追溯。这家谱图显示出牧师和他／她家人的资料。若有可能,牧师应该尽量收集关于他们五代家人的资料，包括：名字、目前的年龄、出生日期、死亡日期、婚姻／离婚状况、收养或寄养的孩子、怀孕／流产／夭折／堕胎、健康状况（包括酗酒和癌症）、精神状况（包括焦躁症和忧郁症）、居住地点、职业和教育程度。[2]

评估个人的情绪健康可以减低挫败感、忧郁和冷漠等与职任倦怠问题有关的危险。牧师内心的情绪好比一个烟囱中的烟，

[1] 同上，190-193 页。
[2] Richelle Melander and Harold Eppley, *The Spiritual Leader's Guide to Self-Care* (Herndon, VA: Alban Institute, 2002), 78-79.

两者都需要有出口。牧师往往因为他们的牧职或对自己有不切实际的期望而不能表达，甚至无法完全了解自己的情绪。史卡吉罗（Peter Scazzero）和柏华伦（Warren Bird）说人好比一座冰山，在露出部分的下面仍有很多看不到的很深的层次。[1] 牧师也许有未获满足的感情包袱，因为他们没有照顾好自己情绪的健康而影响到他们的侍奉。史卡吉罗在他的《情绪健康的教会》（The Emotionally Healthy Church）一书中强调"牧师不可能在灵命方面成熟却在情绪方面仍然不成熟。"[2] "情绪上的健康（情绪上的安息状态）是当你独处，和你跟别人有亲密关系时的感受。"[3]

牧师为了了解自己的情绪健康，也许可以做一个"情绪成熟程度"的测验。首先，他们应该审视自己的行动，评估一下他们所做的事和他们的感受。基督显示出他的情绪智商，牧师可以仿效基督的榜样。举例说，耶稣因他朋友拉撒路的死去深感痛心和难过（参见约11）。史卡吉罗和柏华伦认为如果牧师不知道自己的内心世界，他们就无法影响他们羊群的内心世界。[4]

第二，牧师应该打破一代传一代的罪。牧师可以用他们的

---

[1] Scazzero and Bird, *The Emotionally Healthy Church*, 72.
[2] Peter Scazzero, *The Emotionally Healthy Church* (Grand Rapids, MI: Zondervan, 2003), 50.
[3] 同上，第 59 页。
[4] 同上，69-78 页。

家谱审视他们家族历史中的问题。此外，写日志也可以帮助牧师辨识出自己情绪上的需要。例如，牧师可以从中看见神的恩典是怎样足够让他们应付自己的软弱和盲点的。牧师也可以从保罗身上学习。他们在基督里的成长会令他们更意识到自己的软弱和罪性。保罗在《加拉太书》2 章 6 节说："至于那些有名望的，不论他是何等人，都与我无干。"他后来声称："我什么时候软弱，什么时候就刚强了。"（参见林后 12:10）牧师可以经常反思这个真理：我们感到软弱的时候就是在基督里刚强的时候。

想要知道自己的情绪到底有多么成熟的一个方法，就是毫不畏缩地对自己作一个公平的评估。我们可以认真地使用一种由有经验的专业人士设计的情绪成熟程度的审视方式。史卡吉罗和柏华伦列举出以下的情绪成熟层次：

a. 情绪上的婴孩：我像一个婴孩一样，希望其他人照顾我的需要而不是我照顾他们的需要。我往往很难以健康的方式描述和体验我的感受，并且很少进入别人的情绪世界。我不断地需要马上得到满足，往往利用别人满足我的需要，并且没有意识到我的行为会怎样影响／伤害他们。别人有时候会感到我不为他人设想、不体谅人和以自我为中心。

b. 情绪上的小孩：我像小孩子一样，当生活顺我的意思，我得到所有我想要和需要的东西，我便很满足，情绪上似乎很稳定。然而一旦我遭遇失望、压力、苦难、怒气，我的内心便会瓦解。我把别人的异议当作是对我个人的攻击，很容易受别

人的伤害。如果事情没有如我所料，我往往抱怨、发脾气、退缩、却步不前、变得酸溜溜或想报复。我不知如何以平静、成熟、有爱心的方式与别人讨论我对他们的期望。

c. 情绪上的青少年：我好像一个青少年一样，知道应该怎样做才能适应成熟的成年人社会。当别人给我有建设性的批评，我可能会感到受威胁和提高警觉，并且很快就为自己辩护。我潜意识地数算自己所付出的爱，好让自己日后可以得到回报。当我面对冲突，我也许会承认自己的一些错误，但我会坚持指出对方的罪过，证明他们才是应该被责怪的一方。由于我只关心自己的生存，我很难真的聆听别人的痛苦、失望或需要，因为我总是先想到我自己。

d. 情绪上的成年人：我可以尊重和爱其他人，不是要改变、批评或论断他们。我不会期待他人完美无瑕地满足我人际关系方面的需要，包括我的配偶、父母、朋友、上司或牧者在内。我按照别人整个人的本相，包括他们好与坏的地方去爱和欣赏他们，而不是按照他们的行为或他们可以为我提供什么。我为自己的思想、感受、目标和行动负全部责任。当我在压力下，我不会落入受害者心态或怪罪别人。我可以跟不同意我的人道出我的信仰和价值观，而没有敌对的感觉。我可以准确地评估自己的限制、长处、软弱，并且可以无拘束地与别人讨论这一切。我深切了解自己的情感和情绪世界，因此我可以进入别人的情感世界，满足他们的需要，明白他们的问题和感受。我确知基督爱我，我不需要自我肯定。[①]

在情绪休息方面，牧师可以使用史卡吉罗建议的六个原则，包括不只是看表面、打破过去的捆绑、接受自己的破碎和脆弱、承认自己的有限性、不逃避悲伤和失落的感情、把道成肉身作为爱人的模范。[②]

安德森（Ray S. Anderson）清楚地指出，"情感也许是我们个人幸福快乐最重要的指标。我们在婴孩和儿童时期所传承的情感，形成我们成年后的自我形象架构。情感像肉体一样需要照顾和滋养，甚至比肉体更有需要。当我们情感上出了毛病，我们便失去了健康。没有情感，我们便不能与别人建立关系，不能与外界接触。情感是自我的一个必须和准确的表达。情绪并非个人性情的决定因素，情绪是可以改变和转化的。在个人恢复的过程中，可以经历情绪方面不同的成长和改变。"[③] 换句话说，我们应该留心注意我们的情绪要告诉我们的事情，并且详细地写下来。

牧师可以利用在主里休息的那一天或那段时间，选择一种情绪，为此祷告并求神作深切的医治。史卡吉罗牧师建议他在新生命教会的教牧同工采用以下的"休息模式"，一个全人休息的做法：

---

① 同上，第 66 页。
② 同上，第 6 页。
③ Ray S. Anderson, *Self Care* (Wheaton, IL: Victor, 1995), 64-69.

休 息

a. 安息日——我们每星期都会抽出 24 小时守主的安息日，围绕以下四个圣经教导的安息日特色安排我们的时间：静止、安息、以神为乐、默想。我们每星期也会最少另抽半天时间来处理生活中其他的事情，尽量不做教会的工作。我们信靠神会建立他的教会，认为守安息日是生命中一个重要的操练。

b. 简单——我们新生命教会实行百分比的奉献（以十一奉献作为最低的基线）。我们以荣耀神的方式处理我们物质的资源，避免西方文化的诱惑和陷阱（例如欠债、赌博等）。我们执行"好管家课程"的基本原则（奉献、储蓄、有预算、收支平衡、长远计划）。

c. 玩耍和休闲——为了保持平衡和健康，我们有教会以外的生活。我们意识到教会年和教会领袖有不同的季节和节奏，并按此安排补偿的假期。我们把正当的"乐趣"加插进门徒训练。我们每年都抽时间休假，让我们生命的土壤得到滋养，并实行较短的安息年，按照四个原则（静止、安息、以神为乐、默想），从神领受新的"养分"。[①]

紧随灵性和情绪方面的休息，身体方面缺乏休息也是造成职任倦怠的一个主要因素。牧师可以采取一些重要的行动，防

---

① Pete Scazzero, *Pastoral Staff Rule of Life* (Elmhurst, NY: New Life Fellowship, 2008), 2.

止他们的身体变得太疲累。首先，他们可以有适当的饮食。神所创造的人体，需要有适量和平衡的食物以助消化、养分的分发、排除废物。以下图表是达到平衡的一个工具，列举出什么是好的碳水化合物、蛋白质和脂肪。[①]

图表 1. 一个达到营养平衡的工具

优质碳水化合物、蛋白质和脂肪	
优质碳水化合物：水果	苹果，香蕉，黑莓，蓝莓，哈密瓜，葡萄干，葡萄，西柚，香蜜瓜，奇异果，柠檬，青柠，芒果，橙子，桃子，梨子，菠萝，洋李，梅子，油桃，红莓，橘子，西瓜
优质碳水化合物：全谷类	糙米粥，其他热的全谷麦片（大麦、藜麦、黑麦、小麦、小米），米（糙米、印度香米、泰国香米），米饼，米粉，爆米花麦片，面包和面粉（全天然，全谷、无糖），无面质和用发芽谷粒做的面包，大麦，荞麦，黑麦，小麦，小米，藜麦，燕麦，粗玉米粉
优质碳水化合物：含淀粉质的蔬菜	玉米，豌豆，马铃薯，南瓜类，甘薯

---

① Ben Lerner, *Extreme Makeover God's Way* (Kissimmee, FL: Body by God, 2004), 24-26.

优质碳水化合物、蛋白质和脂肪	
优质碳水化合物：蔬菜	苜蓿，洋蓟，芝麻菜，芦笋，竹笋，红菜头，西兰花，球芽甘蓝，卷心叶，红萝卜，椰菜花，西芹菜，芥蓝菜，青瓜，茄子，莒菜，四季豆，甘蓝菜，生菜，沙津菜，芥菜，洋葱，香菜，白萝卜，豌豆，小萝卜，菊苣，葱，海带，干葱头，唐莴菜，甜荷兰豆，雪豆，菠菜，豆角，蕃茄，大头菜，西洋菜，小麦草，西葫芦
优质蛋白质：豆类	鹰嘴豆，四季豆，小扁豆，青豆，菜豆，黑白斑豆和白豆
优质蛋白质：坚果	杏仁，榛子，夏威夷果，松子，核桃
优质蛋白质：鸡蛋	有机，散养鸡
优质蛋白质：鱼	石斑鱼，大偏口鱼，马鲛鱼，海豚鱼，鲑鱼，沙丁鱼，鲈鱼，鲷鱼，剑鱼，鲔鱼，鳟鱼，白鲑鱼
优质蛋白质：家禽类	有机、散养鸡和火鸡胸肉

优质碳水化合物、蛋白质和脂肪	
优质蛋白质：红肉	有机、草饲牛肉，瘦牛肉
优质脂肪	橄榄，橄榄油（冷压，特纯初榨），特纯初榨椰子油，有机脂肪（草和菜饲牛肉，蛋黄和鸡），碎种子，芝麻酱，鱼油，杏仁，核桃，牛油果，夏威夷果

图表 2. 追踪营养均衡的工作表 [①]

每天饮食记录　　　　　　　　　　日期：＿＿＿＿＿＿

时间	物质和数量	健康的食物	碳水化合物、蛋白质或脂肪	你为什么在吃东西	1 小时后感觉怎样

---

① 同上，第 39 页。

神要求跟随他的人用他们的身体荣耀神（参见林前6:20）。牧师在这个计划的第一周，可以使用以上的饮食日记确认他们连续七天所吃的东西。此外，我们也需要设计一个合理的锻炼计划，例如快步走、跑步、游泳、骑单车、直排轮溜冰，或用一些健身器材。每星期适当地运动五天，可以改善牧师的健康。牧师、教会的策划人、宣教士和基督徒领袖可以把他们的心跳和脂肪燃烧率记录下来，并且每半年或一年评估一下有没有进步。

很多神的仆人难得有足够的睡眠。《侍奉上的耗竭》（*Burnout in Ministry*）一书作者福克纳（Brooks Faulkner）指出，睡眠是身体更新的途径。基督徒领袖可以估计他们身体所需要的睡眠，当他们休假的时候，记录下他们睡眠的所有时间（当日常活动没有对此加以任何限制时），然后把睡眠时间的总数除以休假的天数，决定你每天所需要的睡眠，这样你以后也不会睡眠过多。[1]假如没有重视身体这方面的需要，可能会伤害牧者的健康。

---

① Faulkner, *Burnout in Ministry*.

第四章 从不胜任到胜任有余

当牧师与那些雇佣他的人在他的职位描述上不一致时，他难免会有不胜任牧职的感觉。这只会加增牧师的情绪耗竭感（身心耗竭的一个征兆）。在这种情况下，牧师、教会策划人、宣教士等，便应该重新审视神对他们的呼召，因为神会赐力量给他的仆人来满足羊群的需要，他永远不会让牧师缺乏完成他们呼召的资源。牧师必须承认并且接受耶稣对门徒的呼召是要他们作"主的仆人"；属灵的权柄和领导力只能通过受苦和牺牲之路才能得以建立（参见可 10:38-39）。举例来说，尽管保罗享有重要人物的身份，但他却没有滥用他的领导地位，反而愿意谦卑地服侍众人（参见林后 3:9，11:26-29）。

当牧师不完全明了牧职的性质或他个人的恩赐和不足之处，他便可能有不胜任牧职的感觉。大多数牧师感到自卑，相信自己没有能力面对挑战，因为：1）他们对自己的呼召有怀疑；2）这份牧职有特别多的工作要求；3）信徒领袖和会众强化了大家崇拜牧师的自然倾向。

1. 不胜任牧职

前芝加哥柳溪大型教会（Willow Creek mega-church）职

员卡曾斯（Don Cousins）指出北美教会追求属世的成功模式，包括尊崇超级巨星的总裁，追求某个基督徒领导力专家所定义的领导恩赐。[1] 这样的着眼点会导致更多牧师因为自忖不胜任牧职而经历身心耗竭，因为会众和信徒领袖往往把他们的牧师与这些"大名鼎鼎"的人士相比，以致牧师无法满足他们的期望。牧师到底会陷入这个"无法自拔的困境"还是能够继续有效地侍奉，差别在于他们是否清楚地知道自己的呼召，因为牧师自忖不适合牧职，似乎与他们对呼召的困惑有关。

教会历史展现出四个对"呼召"看法的历史阶段：早期教会将过基督徒的生活看成是一种呼召；中世纪认为加入圣职是一种呼召；宗教改革时期把所有职业都看为是圣职的呼召，一直到后基督教时代。[2] 正确地分辨出牧师的呼召，很大程度上取决于神对牧师呼召的性质，因为这呼召也许不是要他做牧师。努力地找出个人真正的呼召，对找出牧师为什么有身心耗竭的症状，或对预防职任倦怠的发生至为关键，对牧师决定去留也同样重要。

"呼召"（希腊文 kaleō）乃是蒙神邀请加入圣职，把牧师带进神的事工。《罗马书》4 章 17 节指出神呼召我们得到一个新生命，成为一个新造的人；"神以这个过程呼召那些蒙他拣

---

[1] Don Cousins, *Experiencing Leader Shift: Letting Go of Leadership Heresies* (Colorado Springs, CO: David C. Cook, 2008), 20-21.
[2] William C. Placher, ed., *Callings* (Grand Rapids, MI: Eerdmans, 2005), 5-10.

选和预先定下的人，脱离这世界的捆绑，以至他可以叫他们称义和成圣"（参见罗 8:29-30）。[1] 这个从罪人成为圣徒的转变是神借着耶稣宝血的工作。根据《彼得前书》，神召我们借着跟随基督（甚至跟随他受苦）走出黑暗（参见彼前 2:9）。[2] 未来的牧师在接受牧职呼召前，必须意识到这个重要的不一样的观点。

泰博特神学院（Talbot School of Theology）释经学副教授哈钦森（John C. Hutchison）指出耶稣呼召门徒是要他们做主的仆人，并且提醒我们，属灵的权柄和领导力是通过苦难和牺牲而建立的（参见可 10:38-39）。[3] 耶稣为牧师提供了一个新的模式，一个作为仆人的领导模式。"按照门徒的文化背景，这是他们最难明白和遵行的其中的一个命令。这个激进的呼召要求门徒有深邃的谦卑，违背了犹太和希腊罗马文化传统上对尊荣／羞辱和地位的价值观。"[4]

使徒保罗是这个正确的仆人模式的典范。戈尔曼（Michael J. Gorman）在他写的《十架之主的使徒》（*Apostle of the Crucified Lord*）一书中指出，保罗不只是一个"巡回布道家"

---

[1] Lothar Coenen, "Calling," in *The New International Dictionary of New Testament Theology*, ed. Colin Brown, vol. 1 (Grand Rapids: Zondervan, 19979), 275.
[2] 同上，第 276 页。
[3] John C. Hutchison, "Servanthood: Jesus' Countercultural Call to Christian Leaders,"*Bibliotheca Sacra* 166 (Jan-Mar 2009): 54.
[4] 同上。

和"团契的建设者"，他也受呼召成为一个受苦的仆人："对保罗来说，受苦是他与主认同、以他自己现有的生命体现基督榜样的一种方式。因此，他所受的苦也正如基督的牺牲一样，是他对传讲福音对象一种爱的行动……这终究而言是他做使徒所付出的代价。"[①] 然而保罗的书信显明保罗其实并不具备那种有利于做仆人的被动个性，他需要努力地培养出谦卑和愿意服侍人的心（参见林后 11:16-29）。

保罗对教会的服侍包括了受肉体上的苦："……受劳碌、受困苦，多次不得睡，又饥又渴；多次不得食，受寒冷，赤身露体"（林后 11:27），也包括了《哥林多后书》11 章 28 节至 30 节所记载的精神上的疲累。保罗每天听到他所建立的教会的消息，一方面令他感到焦躁，也为他带来喜乐。除了身体和精神上的疲累，保罗也要应付属灵方面的困难，他说："有谁软弱我不软弱呢？有谁跌倒我不焦急呢？"（林后 11:29）。然而保罗并没有经历身心耗竭的症状，因为他保持着他受苦是为了效法基督的观点。保罗根据基督的谦卑，道出他对软弱的想法（参见腓 2:5-9），他甚至为自己的不完全夸口，因为他对神可以怎样用他的软弱在他生命中成就大事有正面的了解。

保罗因此是把他做牧者的侍奉和受苦看作为耶稣受苦的延伸（参见西 1:26）。他从宣教旅程所受的种种患难，加上他每

---

① Michael J. Gorman, *Apostle of the Crucified Lord* (Grand Rapids, MI: Eerdmans, 2004), 70.

天面对的压力，都是可以导致身心耗竭的因素。在《哥林多后书》11章23节至33节所详细记载的苦难——劳苦、监禁、受鞭打、面临死亡，显示出保罗为基督所受的苦，远远超过现在牧者所受的苦难（如不切实际的期望、不适合牧职的感觉、缺乏倾诉对象和灵性枯干）。

保罗的事工非常有效，然而他有一段时间要身兼两职。他需要"劳苦工作"，因为他坚持不要成为包括哥林多教会在内的众教会经济上的负担。保罗要免费地传扬福音。温哥华维真学院的讲师巴奈特（Paul Barnett）指出保罗在《哥林多后书》11章8节至10节说，为的是不要妨碍福音的传播……

> ……决心不让哥林多人为他们所得的福音付出金钱。保罗使自己"降卑"（自供自给），为了可以"免费地"把福音传给他们。保罗决心"凡事"都不要成为哥林多人的负担。保罗所受的苦，与他为了要自给自足而"劳苦工作"有不可分割的关系。保罗"自我降卑"的劳苦是确定他有独特的使徒身份的一个印记。神呼召了他，并且要他进入这个工场（参见林后10:15-16）；由于保罗是出于顺服而去，他不能接受报酬。[1]

---

[1] Paul Barnett, *The Second Epistle to the Corinthians* (Grand Rapids, MI: Eerdmans, 1997), 515-19.

这是保罗作为外邦人使徒的印记，是假教师所没有的，因为他们接受了金钱。保罗若接受了这些教会的资助——保护、金钱、礼物，他无疑可以少受很多苦楚。因此，拒绝接受教会的资助，并且坚持"劳苦工作"，不但显示出保罗从神而来的使徒身份，也显著地增加了他的苦楚。

同样的，阿斯伯里神学院（Asbury Theological Seminary）博士班的新约教授威乐顿（Ben Witherington）指出，在《腓立比书》4章10节至20节中有提到"付出和领受"之间的平衡。保罗愿意"全数接受（腓立比教会的捐赠）"，因为"神建立了他与腓立比教会的关系……保罗认为慷慨的捐献是对神的敬拜"。[1] 他与腓立比人有长久的友谊，同心完成传扬福音的大使命。正因如此，保罗说腓立比人的馈送是"极美的香气"。[2] 保罗深被腓立比教会的爱和关怀所感动，因此他说从以巴弗提手中收到的馈送"在神眼中有最高的价值，是'神所收纳、所喜悦的祭物'（参见腓4:18），没有比这更高的评价了。"[3]

尽管保罗表现出他有作为基督奴仆的谦卑心态，他却没有低估他在哥林多教会成长和发展方面所扮演的重要角色，毕竟，

---

[1] Ben Witherington, *Friendship and Finances in Philippi* (Valley Forge, PA: Trinity Press International, 1994), 131-32.

[2] Gordon Fee, *Paul's Letter to the Philippians* (Grand Rapids, MI: Eerdmans, 1995), 425-26 (emphasis added).

[3] Peter T. O'Brien, *The Epistle to the Philippians* (Grand Rapids, MI: Eerdmans, 1991), 515.

"引导（他）们相信"的就是保罗（参见林前 3:5）。保罗没有为了自己的野心，以他使徒的身份欺压众教会，只是"在他建立的教会声称他作为使徒的权柄和地位……他是创始人，是父亲，是领他们加入基督行列的那一位。"[1] 保罗形容他得到这个职份，"不是作为一种手段，而是作为一种工具，用以服侍基督、传扬基督，并借着这一切来侍奉神（参见林前 3:9）。"[2]

因此，当保罗催促哥林多人效法他（参见林前 4:16），他是出于一颗无私的心，为了拓展教会。保罗想给哥林多人一个例子或榜样，让他们知道作为基督的门徒该有的表现，因此他的指示并非出于想得到权力的私欲。按照保罗的想法，这是"他感到自己该有的责任（基于福音的持续性），从这责任到他表现出的权柄（基于十架之言表现的软弱和能力），都是借着他使徒的身份彰显出来的"。[3] 保罗对使徒的权柄有这样的理解："这权柄的来源是（神的）能力，权柄阐释能力，让我们能使用这能力，因此权柄也是一种能力"。[4] 保罗接受了一个呼召，要成就神在他生命中的旨意——他有一个健康的自我形象，也

---

[1] Kathy Ehrensperger, *Paul and the Dynamics of Power* (New York: T & T Clark, 2007), 144.
[2] 同上，第 147 页。
[3] John Howard Schutz, *Paul and Anatomy of Apostolic Authority* (Louisville, KY: Westminster John Knox, 2007), 242.
[4] 同上，第 21 页。

保持了使徒权柄和仆人领袖之间微妙的平衡。①

这种平衡对现代自信和果断的牧师来说，可能是一个极大的挑战。达到这个平衡等同于获得成熟的智慧。保罗身为牧者，为他的羊群祷告，求神在一切属灵的智慧和悟性上，让他们满心知道神的旨意（参见西1:9）。保罗的榜样显示出着眼于基督的属灵智慧包括认识神、意识到自己在基督里的价值，并且愿意接受神的呼召，成为一个受苦和服侍人的牧者。正因如此，当现代的牧师在事工上面对不公平、没有意料到、无法解决和令人气馁的情况，他们可以仿效保罗的例子和应用神的话语。

对牧师所扮演的角色有所误解，是否会导致他们自忖不适合牧职呢？在《以弗所书》4章11节，"牧师"是指地方教会的领袖。牧师在基督的肢体中扮演着什么角色呢？"牧养"这个动词在圣经中出现了4次，形容长老喂养教会的活动（参见约21:16；徒20:28；林前9:7；彼前5:2）；"牧师"这个名词则与"长老"和"监督"等词交替使用，强调同一职分的不同职责。② 在《使徒行传》20章28节被称为长老的监督，也受劝勉要牧养神的教会。③ "长老"的尊称强调他们属灵方

① Andrew D. Clarke, *A Pauline Theology of Church Leadership* (New York: T & T Clark, 2008), 102-103.
② David A. Mapples, "The New Testament Elder, Overseer, and Pastor," *Bibliotheca Sacra*, 154 (Apr-June 1997): 164.
③ 同上，第167页。

面的成熟和智慧，"监督"强调监管和治理，而"牧师"则有喂养和照顾羊群的含意。[①]

当牧师既不明白牧职的真实性质，也不知道自己的恩赐和有限性，便可能导致他们有不适合牧职的感觉。有些牧师有吸引人的外貌、令人印象深刻的口才、对名字和个人资料的超人记忆，又有吸引注意力和易于让会众接受所必须具备的魅力，[②]但他们当中大多数却认为自己不够资格和没有能力面对挑战，无法胜任牧职。

拜欧拉大学（Biola University）泰博特神学院的基督教事工和领袖课程教授麦金托什（Gary L. McIntosh）和《只有周一最难捱》（*It Only Hurts on Monday*）的作者埃德蒙森（Robert L. Edmondson）发现有 27% 的牧师对自己的呼召有怀疑，以下是一个例子：

> 乔大概四十出头，做了 15 年的牙医。当他对自己平信徒的侍奉角色感到不满，他的牧师便以为这正显示神在呼召他进入"全职侍奉"。牧师没有慎重地考虑到乔的恩赐，便建议他进入神学院……不久，乔发现自己无法应付学科的压力。此外，他在讲道学一科发现自己无法把思绪安排成一篇讲章，也无法站在

---

① 同上，第 169 页。
② Melody H. Newton and Richard A. Hurt, The Psychology of Clergy (Harrisburg, PA: Morehouse, 1991), 126.

听众前而不心惊胆战。过了不久，乔便陷入严重的忧郁状态。幸亏支持他的教务长看出他的问题，并且帮助他明白他以为神呼召他去做与教会有关的工作，大部分是基于一个错误的假设，以为只有做牧师才算是一流的基督徒。[1]

21 世纪对牧师工作的要求令他们有喘不过气和无法胜任的感觉：

> 安慰病人和面临死亡的人；作为遭丧之家和／或紧张的新郎的力量支柱；提供婚姻辅导；为人祷告，并且随叫随到；在照顾孩子和家庭纠纷等问题上满有智慧；管理一个（巨额的）收支预算；募款偿还债务，但不能发债券；借着全义工的教牧同工有效地推展教会活动，尽管这些义工不一定可靠；兼任教堂建筑和四周园地的管理工人；作讲章准备时有神助，讲道时有口才；穿着得体，但不能太讲究；在所有人际关系上有圣人的举止，言谈措辞连老祖母都不会起疑问；爱孩子，教养子女，以身作则；自己的婚姻和个人习惯无可指责……不欠债；以自己的生活作为模范，让

---

① Gary L. McIntosh and Robert L.Edmondson, *It Only Hurts on Monday* (Carol Stream, IL: Church Smart Resources, 1998), 29.

仿效的人可以在信心和灵命上有长进。[①]

当牧师面对这样广泛的要求和挑战，即使他们认为自己有领导才能，也许也会感到无法胜任。

在 2006 年，巴纳集团（Barna Group）报告说，"基督教会十个主任牧师中有超过九个认为自己是有效率的领袖，但七个主任牧师中只有一个说他们在思想和行动策略方面有效率。"[②] 牧师也许感到精神上的压力，因为平信徒领袖和会众往往把他们放在很高的地位，以致他们很难达到众人的期望。回答巴纳集团调查的五位牧师中便有一位说他们没有达到会众的要求；有 25% 认为他们不适合他们的会众，虽然他们在教会的较早期也许互相配搭得很好，但教会文化和会众的需要改变了。[③] 麦金托什和埃德蒙森所做的调查也显示，类似的因素导致 43% 的牧师提出了辞职。[④]

2. 牧职的适合性

牧师是否能够按照圣经对事工的看法，建立他们能胜任牧

---

① Ruth Truman, *Underground Manual for Ministers' Wives* (and Other Bewildered Women)(Nashville, TN:Abingdon, 1974),26.

② George Barna, "Church Leaders Emphasize Motivation, but Struggle with Strategy" (The Barna Group, February 2006), 相关网址：www.barna.org.（访问于 2007 年 4 月 17 日）。

③ 同上。

④ McIntosh and Edmondson, *It Only Hurts on Monday*, 19.

职的信心？神赐下两种恩典，就是救赎的恩典和侍奉的恩典。牧师是恩典的执事。恩典联系、征召并且赐能力。神在我里面的能力（参见林前 10:15）可说是恩典的神学。我们成为恩典的管家，负责指示其他人恩典的工作。恩典吸引我们、呼召我们、催促我们、叫我们成长、赐我们事工。

事工是从神而来，并且神借此表现出他的恩典。事工就是神的恩典通过我们毫无阻拦地流向他人。牧师扮演着特别的角色，通过解释、示范和分发，作为神恩典的管家。牧师通过每天跟随被钉的弥赛亚，背起他们自己的十字架，响应神的恩典。他们舍弃自己的利益，"先求神的国和他的义"（参见太 6:33），叫万民作他的门徒（参见太 28:19-20）。除了这两个首要任务外，牧师也生发出"敬虔的担忧"，正如保罗为教会焦急（参见林后 11:29）。保罗用他所有的心志侍奉主的教会，但使教会增长和结果子的是神。换句话来说，牧师不能光靠自己的能力执行他们的事工，因为只有神能够令事工增长和结果（参见林前 3:7）。尽管我们侍奉上有不胜任的地方，但我们仍然可以侍奉神，并且全心全意地依靠他，借着神的恩典对其他人更有耐心。为了应付不胜任牧职的感觉，牧师应该每周重温一次圣经对侍奉的看法：事工乃是神的恩典，我们尽自己的能力，但心中明白牧师只是一个器皿，成就事工的是神。

深入并诚实地审视自己成为牧师的呼召，是否能够挽救和重燃自己侍奉的热情呢？明白神呼召牧师是为了推动事工，是让牧师能够重新火热侍奉的关键因素。

对很多牧师来说，除非他们明白神的呼召并且让这呼召成为他们侍奉的动力，否则他们很容易便会失去侍奉的喜乐，视侍奉为苦差事。牧师必须考虑神的旨意和他的呼召。① 假如牧师的动机是为了讨人喜悦多于讨神喜悦，他可能会失去他的事工。另一方面，假如牧师不考虑别人的要求，只考虑他自己的目标和想做的事，他便可能落入只满足于自己的陷阱。因此，牧师在明白神的呼召后，应该有侍奉的动力。

举例来说，在《约翰福音》11 章 1 至 7 节，马大对耶稣很不高兴，因为耶稣没有在她兄弟仍病重的时候赶到伯大尼。耶稣"听见拉撒路病了，就在所居之地仍住了两天。"（约11:6）假如耶稣早点到达，拉撒路便不会死。尽管耶稣非常爱马大和马利亚，但很明显他不会让他所牧养的人决定他要做的事，而是按照神的旨意和呼召做事。

同样在《约翰福音》2 章的迦拿婚宴，耶稣在那里行了把水变酒的第一个神迹，他这样回答他母亲的请求："母亲……我的时候还没有到。"（参见约 2:4）耶稣清楚地向他的母亲马利亚表示，他不是要按照她的要求行神迹，而是要按照父神的旨意。事工的着眼点不应该是会众的要求，而应该是神的呼召和他的要求。因此，重温神的呼召可以保持牧师的耐力，让他们有力量继续侍奉神。

---

① Sung Hee Lee, "Pastor's Self Management,"*Ministry and Theology* (Novemer 1998), 125.

目前的电子媒介如电子邮件、电子书、微信、脸书等似乎变得比圣经更重要。我们依赖新观念、新策略、新手册、新模范，似乎在每个情况都企图以"戏耍玩乐"来取代"背起十字架"。"背起十字架"对恩典福音的执事来说，变得越来越不重要。仿效十架（cruciformity）——每天让十字架成为我们生命和事工的中心，会增加我们侍奉方面的适应性，帮助我们顺服神的旨意，真正了解到神呼召牧师是要他们谦卑地侍奉他。

"骄傲是圣经中最古旧的罪。"[1] 不论骄傲的程度属于轻微或严重，都是从虚荣心开始，过于专注于个人的外表和形象。我们可以做以下的测试：当我们看一幅团体照，我们是不是先看自己？我们是不是只看自己？另一种罪是固执。固执令我们"……不愿意被纠正，令我们无法停止为自己辩护。当别人指出我们的错误或弱点，我们便逃避、否认或怪罪别人。"[2] 骄傲最深、最大的问题是"比较"、"轻看他人"，[3] 违反了爱神和爱人如己的命令。这是一个严重的以自己为中心的罪。

另一方面，"谦卑就是愿意地顺服，包含了一种健康的忘我境界……借着圣灵，活在现在，无论如何，不再专注于自己。当我们与别人在一起，我们真的着眼于他们，不是考虑我们可

① John Ortberg, The Life You've Always Wanted (Grand Rapids, Michigan: Zondervan, 1997), 99.
② 同上，99-100 页。
③ 同上，100-101 页。

以怎样受益……谦卑就是不再企图成为另一个人或假装我们是另一个人，接受自己'适当的微小身份'，不再做那个浪子，也不变成他的哥哥。"[1]

当耶稣以仆人的身份出现，他并不是要掩饰神是谁，而是借着帮助那些有紧急需要、不一定能对事工有贡献的人而彰显出神是谁。不但如此，用爱心互相宽容就是学习从难以相处的人身上聆听神要对我们说的话。[2]

国际福音联网（Network Ministries International）的创办人、会长布格比（Bruce L. Bugbee）和团队发展组织（Team Development Inc.）的创办人、会长卡曾斯（Don Cousins）指出了仆人心志与奴仆心态的分别。仆人心志是凭爱心服侍；奴仆心态不讲爱心。仆人心志的侍奉是基于"我想侍奉神"；奴仆心态的侍奉是出于"我不得已才侍奉神"。仆人心志的动力是"神会看见"，只为讨悦神而侍奉；奴仆心态的动力是"别人会看见"，为了取悦别人而侍奉。此外，仆人心志有"不管我要付出什么"的态度，他们的努力也许会超出别人的期望；奴仆心态的态度是"这不是我分内的工作"，他们会尽量做出最少的付出。最后，仆人心志所结的果子"荣耀神"，谦卑地反映出基督，把注意力指向神；奴仆心态所结的果子是为了"利己"，

① 同上，102-103 页。
② 同上，第 116 页。

把注意力集中于自己身上，骄傲地为自己的利益着想。[①] 三一
福音神学院（Trinity Evangelical Divinity School, Deerfield, IL）
的新约教授卡森（D.A. Carson）在他的书中指出，"基督徒领
袖只是基督的仆人，我们所效忠的对象是神，不是他们。神关
心他的教会，他要教会领袖为他们怎样建立教会交账。"[②] 牧师
要紧记他们接受的是服侍和为基督受苦的呼召，这会帮助牧师
保持他们作为神受苦的仆人的目标。

我们对牧师所扮演的角色有一个错误的理解。我们以为自
己可以解决所有问题，具备所有的答案，别人也对我们有这样
的期望。我们身处的"超人"文化，崇拜"主教／超大型教会
的牧师"，更加强了我们这样的想法。事实上，只有神才可以
解决问题和医治。我们只是神的器皿，我们跟我们所服侍的对
象一样的软弱。

"我们有这宝贝放在瓦器里，要显明这莫大的能力，是出
于神，不是出于我们。"（林后 4:7）我们如瓦器般的脆弱，神
呼召我们服侍，正如耶稣基督受苦的仆人，不是要我们拿自己
跟别人比较，像哥林多教会那样把保罗与彼得和亚波罗相比。
牧师要谨慎，以免被大众媒介所充斥的社会或建立良久事工的

---

① Bruce Bugbee and Don Cousins, *Network Participant's guide* (Grand Rapids, Michigan: Zondervan, 2005), 102.
② D.A. Carson, *The Cross and Christian Ministry* (Grand Rapids, Michigan: Baker, 1993), 93.

属世期望所同化。

丹佛神学院的哲学教授顾修斯博士（Dr. Douglas Groothuis）指出："护教学（教会领袖）不单受到学科内容（事工）本身的困难限制，也受制于执行这内容的人（我们的牧师、宣教士、领袖）本身的软弱……我们是罪人……我们受派去传扬这个无比荣耀的信息，但我们是有缺陷的……我们也许研习太多而祷告太少，或刚好相反。"[1]（编者注：作者加入了括号中的话）

保罗在他侍奉的岁月中，深切地了解到自己是谁："基督耶稣降世为要拯救罪人……在罪人中我是个罪魁。"（参见提前1:15）他也很清楚自己在侍奉方面的适合性："有谁软弱我不软弱呢？有谁跌倒我不焦急呢？"（林后 11:29）

反省我们是谁并且如何蒙神呼召，作为神的仆人去服侍他人和为他们受苦，能让我们在大牧人和我们负责的羊群面前站立得稳。

---

[1] Douglas Groothuis, *Christian Apologetics: A Comprehensive Case for Biblical Faith* (Downers Grove, IL: Intervarsity Press, 2011), 71.

第五章 从缺乏倾诉对象到有倾诉对象

1.缺乏个人的倾诉对象

缺乏个人的倾诉对象被认为是导致身心耗竭症状中情绪耗竭的因素之一。[1] "倾诉对象乃是……一个取得了某人信任的人，因而对方愿意向这位他信任或认为可靠的人完全吐露心声。"[2] 我们甚至在耶稣的生命中，也可以找到他需要有倾诉对象的证据，但他在危难中唯一可以依靠的却只有父神的帮助。耶稣在最后的晚餐后邀请他的门徒（特别是属于他核心小组的彼得、雅各和约翰）陪伴他到客西马尼（参见太 26:26-46）。然而他的这些所谓的知心朋友尽管并没有意图要出卖他，但却因为害怕被牵连而离弃了他。因此，

> 耶稣与他门徒的友谊并不是基于门徒的功绩或可靠性，而是出于他的恩典（参见约 1:17）。耶稣把

---

[1] Susan Jackson, Michael P. Leiter, and Christina Maslach, *Maslach Burnout Inventory Manual* (Palo Alto, CA: Consulting Psychologists, 1996), 37.

[2] John Fitzgerald, "Christian Friendship: John, Paul, and the Philippians," *Interpretation* 61, no. 3(2007):284-96, 285, New Testament Abstracts, EBSCOhost (November 15, 2010).

他的门徒当作朋友看待，他们便变成了他的朋友。门徒是否能够继续他们与耶稣的友谊，在于他们是否愿意遵行他的吩咐（参见约 15:14），正如耶稣遵守了父神的命令，便常在他的爱里（参见约 15:10）。[1]

耶稣在他最痛苦的时刻，"在一位天使从天上显现，加添他的力量"之后，"祷告更加恳切，汗珠如大血点，滴在地上"（参见路 22:43-44）。在那个时刻，父神是耶稣唯一可以依靠的倾诉对象。因此在耶稣的经验中，门徒和世上的知心朋友固然重要，却不如父神那样是我们唯一可靠的和大有能力的倾诉对象。

保罗也明白有倾诉对象的重要性。腓立比教会的友谊、他们的祷告和物质上的支持对他来说是特别的祝福。

> 腓立比人……为了表示他们与保罗的友谊，继续与保罗分享他们的财物。保罗在牢中从以巴弗提收到他们给他的馈送。他祷告祈求神同样地报答他们："神必照他荣耀的丰富，在基督耶稣里使你们一切所需用的都充足。"（参见腓 4:18-19）[2]

---

[1] 同上。
[2] Johnson, "Making Connections: The Material Expression of Friendship in the New Testament," *Interpretation* 58, no. 2(2004): 158, New Testament Abstracts, EBSCOhost (November 15, 2010).

这个教会减轻了保罗在情绪方面的疲累，因为他们与保罗不但彼此相爱（参见腓 2:2），也一同经历了争战（参见腓 1:30）。[1] "保罗强调他们跟他有相同的心思意念，并且有相同的目标，可从他使用了非正式的希腊语（koinos）中反映出来。"（同义词参见腓 1:7、27，2:17-18、25，3:10、17，4:3、14）[2]

在个人方面，保罗珍惜在福音上曾与他一同劳苦、与他真实同负一轭的人（参见腓 4:3），特别是提摩太，因为他跟保罗 "同有一个心志，与他同心"，是他的真心朋友（参见腓 1:27，2:20）。因此，我们可以理解当保罗的生命快要结束时，他希望提摩太能在他的身边（参见提后 1:16-18；4:17）。保罗一生都在与他 "一同劳苦" 的同工身上多多播种（参见林后 9:6），如巴拿巴（参见徒 13:1）、马可（参见徒 13:5；提后 4:11）、西拉（参见徒 15:40）、路加、吕底亚（参见徒 16:13-15、40）、亚居拉和百基拉（参见徒 18:1-5）、提多（参见多 1:4）和以巴弗（参见西 4:12）。

然而尽管保罗身边有一大群知心的朋友，他却一直认为只有神是唯一不会令他失望，且大有能力的朋友："遭逼迫，却不被丢弃；打倒了，却不至死亡。身上常带着耶稣的死，使耶稣的生也显明在我们身上。"（林后 4:9-10）"保罗在软弱的时

---

[1] 同上，第 294 页。
[2] 同上。

候仍然可以刚强（参见林后 12:10），是出于他与神的友谊。"[1]
在他生命和事工快要结束的时候，没有人来看他，"唯有主站
在我旁边，加给我力量"（参见提后 4:16-17）。保罗在这个无
助的时刻，只能依靠主的显现，就如耶稣基督在他被钉十字架
前，天使给他加添力量一样。

牧师需要有支持系统，以帮助他们重新安排优先次序，让
他们恢复客观地看待事情，在他们遇到困难时可以得到帮助。
要找到真正的友谊可能不那么简单，这取决于牧师怎样看待他
们自己。当牧师纯粹把自己的牧职看为一个职业，便会让自己
与会众保持距离，而孤单的牧者往往无法在理智上把自己与属
灵辅导的角色分开。司布真（Charles Haddon Spurgeon）这样
分析牧师的困境：

> 一个在事工上接受了充分装备的牧者通常是一
> 个孤单的灵，与其他人有所分别、超越并走在别人前
> 头。他的会众中即使是最有爱心的人也无法分担他特
> 殊的想法、忧虑和试探。普通士兵可以有无数的战友
> 与他们肩并肩地同行，然而军衔越高，人数便越少。
> 士兵不计其数，上尉则人数不多，上校更为稀少，总
> 司令却只能有一个。在我们的教会中也是如此，主兴
> 起作为领袖的人同时也是一个孤单的人。位高人寡，

---

[1] 同上，第 296 页。

他们只能向神倾诉，神就在他们极度的孤单中与他们相遇。①

被公认为是分析心理学创始者的瑞士心理医生卡尔·荣格（Carl Jung）指出，当牧师与其他人交往时，他们往往戴上心理面具，遮掩着他们内心真正的感受。② 虽然牧师需要保持其"专业性"，但牧师却渐渐变得"无法适应"他们的角色。③ 他们企图扮演好牧者的角色而不被触摸到他们真正的自我。在这种情况下，牧师正走向身心耗竭综合症。当他们面对令人越来越喘不过气的需要和要求，便往往引身而退。

有一个例案是一个牧师被呼召到城中心的一间华人教会服侍。会众期待他住在他们附近，但牧师和他的家人却打算住在城郊。会众对师母和牧师的孩子有所期待，但他们却不愿意担负这些责任。有些会众对此甚为不满。④ 这些原因影响了牧师长期牧养的果效，缺乏朋友和没有得到会众的支持使这个问题显得更为严重。

作为对此书作者调查的回应，牧师们形容他们找别人倾诉

---

① C.H. Spurgeon, *Lectures to My Students* (Grand Rapids, MI: Zondervan, 1980), 157.

② Murray Stein, *Jung's Treatment of Christianity* (Wilmette, IL: Chiron, 1985), 139-46.

③ William H. Willimon, *Clergy and Laity Burnout* (Nashville, TN: Abingdon, 1989) 38.

④ Yuan, 对"4-Out"问卷调查的回应（2006 年 11 月）。

个人问题时的困难。他们的回答包括："我没有朋友"、"我没有时间交朋友"、"我是牧师。我知道会众对我有什么期望，跟他们谈话非常困难。跟我一起毕业的神学院同学又没几个留在同一个城市。"[1] 由于这些，牧师很容易便会陷入身心耗竭的情况，所以我们必须考虑有哪些文化和组织上的因素，足以导致牧师在精神、灵性和感情方面感到精疲力竭。

得到朋友和别人的支持，似乎是牧者能够有效地侍奉和保持健康的关键因素，比不是全时间侍奉的人似乎更为重要。有一个在 1976 年进行的牧者研究报导说："（牧者的）压力在缺乏外人支持的情况下，似乎最难以解决。特别当压力的来源是出于他们的婚姻或家庭问题，更是如此。"[2] 将巴纳集团（Barna Group）2006 年对牧师个人关系的调查，与保罗·赖特（Paul Wright）在 1985 年发表的关于牧者友谊的报告作一比较，就会显示出会众往往对他们的牧师有狭隘的看法。假如牧师跟一些会众发展了太排斥他人或太"特别"的友谊，会众便会不高兴。[3] 美国有百分之六十的牧师失去了与他人关联（sense of

---

[1] 同上。

[2] Barbara G. Gilbert, *Who Ministers to Ministers?* (New York: Alban Institute, 1976), 21.

[3] 参见上条注释中相关文本的第 37、38 页；另见 Tegan Blackbird and Paul Wright, "Pastor's Friendship, Part I: Project Overview and Expectation of the Pedestal Effect," *Journal of Psychology and Theology* 13, no. 4 (Winter 1988):274.

connection with others）的感觉。[①] 这显示出假如缺乏倾诉对象，牧师会多么容易陷入身心耗竭的情况。

牧师的朋友寥寥可数，甚至没有朋友，并不能完全归咎于他们怎样看待他们所扮演的角色。这种情况也反映出目前的文化重视个人主义、才智和自我牺牲。罗伯特·贝拉（Robert Bellah）和其他学者形容美国牧师必须面对与他们作比较的典型的美国英雄：

> 美国是那个最神秘的英雄——牛仔——的发源地。他跟社会格格不入，却一次又一次地成为了社会的救星。牛仔有一种特别的天赋，他的枪法比任何人都快而准；他也天生有特别的正义感。然而这些特性却令他太与众不同，令他无法完全融入社会。牛仔的传奇似乎在说你可以是一个真正上等的好人，值得大家的爱戴，只是你要抗拒加入社会的主流（fully joining the group）……把伸张正义的勇气与独来独往的个人主义联系在--起。这在另一位现代的美国英雄——辣手神探的身上更为明显。从山姆·史培德（Sam Spade）到谢皮科（Serpico），这些神探都是独行侠。以传统的标准来衡量他，他往往不算成功。他的办公室破旧寒酸，电话从来不响。然而他的边缘性

---

① Blackbird and Wright, 同上。

也是他的力量。当神探开始调查时，这看起来是一个独立的案件，但随着事情的发展，却发现这案件原来与小区中有权势地位的人有关。社会（特别是"上层社会"）可以说是腐败到骨子里了。要在这个腐败的社会中伸张正义，这位美国神探必须坚忍不拔，还有最重要的：他必须是一个独行侠。

牛仔和辣手神探同时告诉我们关于美国个人主义的一个重要事实。牛仔跟神探一样，他们之所以能够对社会有贡献，只因为他们完全独立自主，站在社会的边缘。一个人为了服务社会，一定要能够独立自主，不需要其他人、不依赖他人的决断、不屈服于他们的喜好。然而这种个人主义并不是自私的。事实上，一个人为了服务整个团体而甘愿把自己孤立是一种英勇的无私表现。不过正是这种传奇人物表现出了美国个人主义极端的不确定性，使得这种英雄主义离令人感到绝望只有一步之遥。[1]

我们应该指出，由于牧师不断地面对专业挑战，他们需要有自己的牧者。詹姆斯·民司（James Means）认为尽管这也

---

[1] Robert Bellah, Richard Madsen, William M. Sullivan, Ann Swidler and Steven M. Tipton, *Habits of the the Heart:Individualism and Commitment in American Life* (New York: Haperennial Library, 1985), 145-46.

许与"美式英雄"或"好莱坞制造的超人形象"不相符，但这种关系对牧师的健康来说却至为重要。无可否认，想要牧师承认自己需要有一位牧者，他便必须放下"超级领袖"的自我形象。牧师若把他们的头衔只看为一个职位而不是作为神要他们成为仆人的呼召，就往往难以启齿于跟别人分享那些可能会对他们的声望造成负面影响的事情。[①]

在一个为了这本书而作的专访中，有一个牧师承认他继续侍奉，只是为了养家。经验充足的牧师也许可以不跟别人建立友谊或避免新的挑战，却仍然执行他的例行职责。牧者培训科教授埃布尔兰·卜克（Abram Book）指出，侍奉 20 年以上的牧师往往不愿意冒风险：

> 大部分人在大多数的行业中，当他们在 20 至 30 岁时往往处于学习阶段，在 30 至 40 岁之间便企图驾驭全世界，等他们到了 40 至 50 岁，大概工作了 20 年后，便"安顿下来"。牧师也不例外……由于牧师在 30 至 40 岁之间会碰到各种阻力，并且要面对各种可想象到的新思想，难怪过了 20 年，他已不愿意再冒风险……假如牧师在侍奉 20 年后被解雇，便很难重新开始。有鉴于此，大部分侍奉了这么久的牧师都

[①] James Means, *The Madness of Ministry* (Denver, CO: Denver Seminary, 1979), 12.

认为不冒险是上策。[①]

缺乏倾诉对象使牧师们更加有陷于身心耗竭症状的危险，并且他们可能要面临最终离开牧职的长期性的困境。

2. 寻找倾诉对象的旅程

牧师在寻找个人倾诉对象之前，要先自我省察，看看自己是否有资格作为另一位牧师的倾诉对象，这是明智之举。这个旅程从一个深邃的自我省察的过程开始，将会充满内心探索和属灵争战所必须具备的元素：信心、盼望、爱心、真理和恩典。这个内心探求的目的是要这个基督徒领袖脱下他的面具，使他突破个人主义，并且让他在基督徒的群体中重新体验耶稣与门徒的关系和保罗与提摩太之间的默契。

神是一位建立关系的神。我们是神的儿女（参见约 1:12），也是他的朋友（参见约 15:15）。我们与主联合（参见林前 6:17），是基督的肢体（参见林前 12:27）。我们有劝人与神和好的职分（参见林后 5:17-21），是神的同工（参见林前 3:9；林后 6:1）。神把我们收养为他的儿女（参见弗 1:5）。我们可以彼此相爱，因为神先爱我们（参见约一 4:19）。此外，我们不但体验三一神对我们的爱，也蒙三一神对我们的祝福。我们是彼此属灵的

---

① Abram Book, "Lonely and Low-Risk！" *Leadership* 27, no. 4 (Fall 2006) 相关网址：http://www.christianity.com/le/2006（访问于 2007 年 4 月 17 日）。

朋友、属灵的家人和属灵的倾诉对象。神对亚伯拉罕的探访（参见创 18:1-15），主耶稣基督的道成肉身（参见路 2:1-7）和圣灵的内住（参见林后 1:22），都显示出神对蒙他呼召侍奉他的人的心意，要他们操练他的同在和彼此的相爱。

我是不是一个在基督里忠心聆听别人倾诉的人呢？一个优秀的让牧者可以倾诉的对象，必须先十分了解自己，才能够帮助别人。能够深入地了解自己，乃是来自与神有深入的关系。

通过深入的认罪和真正的悔改，让自己与神有更深的关系，始于面对个人的问题和缺乏安全感，承认错误和失败，并且从中得到教训。罗讷德·赛德（Ronald J. Sider）在他的书（*Why Are Christians Living Just Like the Rest of the World?*）中指出，使牧师远离神的一个错误，就是"无处不在的个人主义摧毁了西方的教会"。

麦哥登（Gordon MacDonald）在他的书（*A Resilient Life*）中详细地谈论到修复过去乃是从悔改开始："他必须停下来说：'我迷失了方向。'然后找出正确的途径，并且往回转，直至他回归正途。"作为牧者，我们必须承认自己是骄傲的。黑暗的势力乃是建立于我们的骄傲之上。假如我们不加以注意，可能会带来极大的伤害。很多基督徒领袖都疏忽了这一点，特别缺乏彼此的问责。麦金塔（Gary L. McIntosh）和里纳（Samuel D. Rina Sr.）在他们的书（*Overcoming the Dark Side of Leadership*）中帮助读者明白，"现实"（就是他们骄傲地企图满足各种不切实际的期待）怎样引起矛盾、出于自私的权力追

求、罪的蒙骗、由错误动机导致的灵性枯干。为了得到深切的医治和有真正的悔改，我们应该每天花时间省察自己，因为我们正如耶稣基督的门徒雅各和约翰一样自私，想从耶稣那里得到特殊的恩惠和夸奖。

我们也有自我欺骗的本能。甚至保罗也承认他可能有虚假的地方："我被你们论断，或被别人论断，我都以为极小的事，连我自己也不论断自己。我虽不觉得自己有错，却也不能因此得以称义，但判断我的乃是主。"（林前 4:3-4）此外，我们应该从圣经中大家所公认的领袖（例如大卫王）身上学习到，他们也曾因自己生命中的"盲点"而经历过失败。

我相信每一个牧师都必须在"每一天实行省察悔改"的操练。我们可以采用麦金塔和里纳书中的建议，作为五个周末静修的材料。牧师在每一次静修的第一个任务是要找出，并且承认自己首要的和次要的"盲点"是什么。

• 第一个周末　我是不是一个冲动、重视地位的牧师，寻求当权人士的支持和认可，企图掌控教会活动，确保一切运作如常？这样的牧师通常是一个工作狂。他们有时候会过于谨慎，过于律法主义和论断人。

• 第二个周末　我是不是一个自恋型的牧师，为了需要得到别人的爱戴和称赞而驱策自己要有成就？这样的牧师也许过于看重自己，有巨大的野心和夸大的幻想。我是不是因为有很深的自卑感而变得举棋不定、以自我为中心？除此以外，我是否无法享受自己的成就，也不满于现状？

• 第三个周末　　我是不是一个多疑的牧师，对人猜疑、惧怕、妒忌、怀有敌意，害怕别人会在暗中破坏我的领导力？我有没有对别人的行动过于敏感，怀疑别人的动机，并且为了巩固自己的权力而编制出严苛的组织结构？我是不是极端缺乏安全感和自信？

• 第四个周末　　我是不是一个只求双方和平共存，为了顾全大局而宁可隐藏问题，不去面对问题，只管息事宁人的牧师？我是不是很愿意容忍、极度宽容越轨的行为？我是不是为了不想跟别人说"不"，而宁可接受更多的工作？我是否只对事情做出反应，而不是主动地采取行动？在我内心深处，我是否感到压抑和泄气，无法完全诚实地面对我的情感和问题？

• 第五个周末　　我是不是一个消极攻击型的领袖——固执、健忘、故意减低效率？我是否易于抱怨，抗拒别人对我的要求，借着耽搁拖延来控制在我周围的人和环境？我是否偶尔会利用突然爆发的怒气或哀伤来控制别人？我心中是否有怨气和苦毒？我是否害怕成功，因为这会招致别人对我有更高的期望？

牧师在每一次静修的第二个任务是带着祈求天父饶恕的态度省察过去。经过这个扪心自问"我是谁"的过程后，下一步便是消除障碍和提高对属灵争战的警觉。第一个障碍是误以为个人的倾诉对象必须是一个完美的人。圣经故事告诉我们敬虔的人也有其"跌倒"的时候。从旧约的大卫到新约的使徒彼得，令我们无法否认没有人是完美的。甚至最知心的倾诉对象

在他们的属灵朋友最需要他们的关键时刻也可能打瞌睡，正如当主耶稣在客西马尼祷告时门徒们的表现（参见太 26:36）。我们都是罪人，都蒙主赦免，只要我们真心认罪悔改，主便把我们看作他的朋友。我们不配成为他的知心朋友，然而借着神的恩典和圣灵的能力，我们在地位和实际方面都得以在基督里成为他的知心朋友。为了克服这个错误的想法，正如方舟团体（L'Arche Community）的创办人范尼云（Jean Vanier）在她的书（*Community and Growth*）中所说："当我们接受自己是有软弱和缺点的人，亏欠了神和我们的弟兄姊妹，然而我们已蒙赦免，并且可以朝着内心得释放和更加真诚相爱的方向成长，我们也因而可以接受别人的软弱和缺点，因为他们（其他可能成为我们倾诉对象的人）也曾经蒙神赦免，并且正朝着因爱而得释放的方向成长。"[1]

第二个障碍是单向的属灵关系，这情况往往在基督徒团契里出现。鉴于美裔、华裔、韩裔和非裔牧师身心耗竭的例案越来越多，"谁是牧师的牧者？"便成为一个严肃的问题。关于发展倾诉对象的关系，我想借用保罗·史坦利（Paul D. Stanley）和罗伯特·克林顿（J. Robert Clinton）在他们的书（*Connecting*）中所描述的关于传承者（mentor）和学习者（mentee）的双向关系。在这种双向的关系中，他们彼此分享见解、经验、友谊、属灵和肉体生命的高峰低谷，借着担当彼

---

[1] Jean Vanier, *Community and Growth* (New York, Mahwah: Paulist, 1989), 35.

此的重担（参见加 6:2）而彼此接纳和建立。这个过程会减低其中一方或双方成为"情绪垃圾桶"的危机。

这个旅程的第三个，也是非常重要的一个环节是连续五周寻找倾诉对象的过程。

第一周：我需要有自己的倾诉对象吗？

每天都问这个问题：我需要有自己的倾诉对象吗？然后研读圣经来找出答案。牧师可以从旧约经文，从摩西到大卫来思考这个题目。摩西听从了他岳父给他的无价的回答，因而避免了陷入身心耗竭的状况。大卫则有一个为了他们的友谊敢冒生命危险的知己约拿单。之后，牧师可以从新约经文，从我们的主耶稣和使徒保罗的生命中来思考这个问题。

牧师可以在周间思想教会历史中跟他们侍奉工场有关的、"如同云彩围着我们的许多见证人"，例如约翰·牛顿（John Newton）和威尔伯福斯（Wilberforce）之间的友谊。

到这周结束的时候，问自己以下的问题：我是否感到孤单，并且回避别人？我是否因长大的环境、家庭和／或教会背景而变成了一个独行独往的人？我是否比耶稣、保罗或在《希伯来书》11 章中众多有信心的人更有能力？我曾经有，或曾经向神祈求多少个倾诉对象？向神认罪并祈求他的带领。

第二周：思想关于个人的倾诉对象

思想你的过去，设法回想起你认为可信赖的朋友、亲人或同伴。你们当时的情况是怎样，现在的情况又如何？

想一想你目前的情况。在记事本上写下目前或以后有可能

成为你倾诉对象的一两个名字。求神帮助你跟他们建立或重新建立圣约关系。

想一想你的未来。在接下来的五年时间，你从这个彼此倾诉的关系中所能得到的在基督里最大的喜乐是什么？为此祷告和心存盼望。不要听从你过去的经验或别人负面、令人气馁的声音，总是说他们无法找到倾诉对象，或这种关系太冒险。你要刚强壮胆。

第三周：你建立个人倾诉对象的故事

写下一个非正式、有自我启发性的自述，关于你怎样结交朋友，并且他们当中有哪些成为了你的倾诉对象。这个自述应该从你的童年开始，那时你的友谊核心圈也许包括了你的父母、兄弟姐妹、同学或邻居。当你成为基督徒后，便包括了你的牧师、主日学老师和教会中的朋友。假如你入了圣经学院或神学院，你的友谊便包括了室友、当时的同学和教授。我们还要包括我们工作后的同事，因此我们要记下我们作为植堂者、宣教士、牧师或在神学院工作的同工的这些岁月。假如你已经结婚，你的配偶是你的倾诉对象吗？想一想这些倾诉对象，是什么原因使你把他们看作亲密朋友？想一想你曾经有过的最亲密、最令你愉快的关系。这些人目前在哪里呢？不要忘记，你要想到的是过去美好的时光。在你生命的新的一页，你可以发展一个新的彼此启导／传承的关系吗？以往的"美好时光"可以再次发生吗？现在就把你的请求带到神满有恩典和怜悯的宝座前。

第四周：作为一个倾诉对象，我有怎样的个性？

我们与别人的个人关系，为我们提供了广泛的有可能成为我们倾诉对象的人选，因为我们真知道"在彼此生命中有极度丑陋的地方，却仍然能够像弟兄姊妹般地以诚以爱相待。"[①]

我们是在强调个人主义的美国教会文化中侍奉，与早期教会的模式成为对比。早期信徒把自己看为同是三一神的儿女，并且同享从恩典、真理、信、望、爱的团体所得的爱。

思考《开普敦承诺》第9条款（*Cape Town Commitment, Article 9*）的"我们爱神的百姓"："神的百姓就是指那些来自各个世代、各种民族，在基督里蒙神所爱、被他拣选、呼召、拯救、成圣，得以成为他的百姓，分享基督的荣耀，成为新天新地居民的人。神从亘古到永远，并且在我们高低起伏和叛逆的时候一直爱我们，也命令我们要彼此相爱。因为'神这样爱我们，我们也当彼此相爱'，'所以你们该效法神……也要凭爱心行事，正如基督爱我们，为我们舍了自己'。在神的家中彼此相爱，并不只是一个值得称赞的选择，而是一个我们无法逃避的命令。这种爱是顺服福音的证明，是我们顺服基督带领必要的表示，也是普世宣教强大的动力。耶稣从万国中呼召他所有的门徒成为一家人，借着他使人和好的恩典，破除罪的障碍，成为一个与神和好的团契。这个在圣灵交通中的教会是一个恩典、顺服和爱的团体，表现出神的荣耀和基督的恩典，彰显出

[①] Kyle Strobel, *Metamorpha* (Grand Rapids, Michigan: BakerBooks, 2007), 123.

神非凡的智慧。教会是神的国度在今天最鲜明生动的写照，是由与神和好的人组成的团体。他们不再为自己而活，而是为爱他们并为他们舍己的救主而活。"

不一样的个性可以互补对方的不足。内向的欧康诺（Richard O'Connor）在他的书（*Happy at Last*）中分享说，他"外向的太太帮助他在很多通常会令他想尽快跑回家的社交场合中感到比较自在，因而让他可以享受这些活动。"[1] 使用"迈尔斯－布里格斯职业性格测试"（Myers-Briggs Type Indicator, MBTI）的量表来分辨出自己和倾诉对象的四个性格倾向——外向型／内向型，感觉型／直觉型，情感型／思考型，知觉型／判断型——会加深彼此的认识和补充对方的不足之处。

第五周：我是否有或我必须要找到合适的倾诉对象？

假如牧师已结婚，考虑一下自己与配偶的关系。他或她是自己在灵里的倾诉对象吗？他们之间怎样分享生命光明的一面和分担其阴暗的一面？他们过去五年有遇到挑战或碰到困难吗？在未来的五年，关系会有所进展吗？正如倾诉对象彼此有的关系，夫妻之间也可以有亲密的属灵友谊，《属灵友谊》（*On Spiritual Friendship*）的作者艾尔雷德（Aelred of Rievaulx）指出："只有那些我们称为朋友的人，我们可以毫无顾虑地把我们的心和其中的一切隐私交托给他们，他们反过来也会遵守信任和

---

[1] Richard O' Connor, *Happy at Last* (New York, N.Y.: St. Martin, 2008), 227.

保密等约定。"[1]

找寻一个倾诉对象的过程，进入一个知己的关系，经过一番祷告之后，可以是一个有意和自然的过程，正如耶稣在选出十二个门徒前，先经过整夜的祷告。然而一个倾诉对象要具备什么条件呢？他们必须是神敬虔的仆人。一个属灵的倾诉对象会问责基督徒领袖，如有需要的时候，为他提供方向，为事工出现的问题提供他的看法，并且自己决意成为一名成熟的基督徒领袖，为主服务和受苦。

除了他们与神的纵向关系外，我们也可以合理地看看他们与其他人的横向关系。我们可以考虑他们与家人和同事之间的关系。他们在自己的亲密关系与友谊中有没有完全坦诚透明？他们有没有正如使徒保罗一样，当他处于《哥林多后书》1章8节至9节所形容的人生低谷，愿意坦白承认："我们……被压太重，力不能胜，甚至连活命的指望都绝了；自己心里也断定是必死的……"？他们有没有像保罗那样谦卑，虚心地请他的"羊群""宽容我这一点愚妄"？（参见林后 11:1）他们在讲道时有没有表现出自己的脆弱，"显露出他的人性，却不是自我贬低，分享他得胜的地方，却没有自高。呈现出神在一个人的生命中工作的真实写照？那正是讲道中一个最重要的作用。这种表白表示牧师愿意承认自己的失败，并且愿意努力改

---

[1] Aelred of Rievaulx, *On Spiritual Friendship* (Washington, D.C.: Consortium Press, 1974), 56.

进。这样便形成一种风气，让别人也可以承认他们需要帮助。"[1]

我们也可以考虑倾诉对象的年龄、人生经历、侍奉经验、个性、信仰传统、宗派／无宗派、侍奉角色、承诺程度。此外，朱迪思（Judith A. Schwanz）建议我们做出明智的选择、谨慎和刻意地进行、花点时间让关系慢慢发展，在成为属灵的倾诉对象前，往往先让动机显明。[2]

沙仑灵命塑造学院（Shalem Institute for Spiritual Formation）的主任蒂尔登·爱德华兹（Tilden H. Edwards）有一个很好的建议：当牧师在一个新的倾诉对象关系发展的初期感到不自在时，"除非你很清楚那个人不适合你，我建议你用几个月的时间作为试验期，让你有时间'慢慢适应'这个关系。这会帮助你弄清楚你的矛盾感到底有多少只是出于你内心对任何人的抗拒，和有多少可以归咎于这个关系。"[3]

找寻个人的倾诉对象是一生的过程，因为牧师的生命有很多未知数。这是一个很长的旅程，从深切清除个人的黑暗面，到自己成为一个可信赖的倾诉对象，到认真地祷告并有意地找寻一个值得信赖的倾诉对象。这是一个值得踏上的旅程，因为这将会成为基督精兵"走完全程"的标记。

---

[1] Marshall Shelley, *Helping People Who Don't Want Help* (Waco: Word, 1986), 66. James E. Means, 211.

[2] Judith A. Schwanz, *Blessed Connections* (Herndon, Virginia: Alban, 2008), 103.

[3] Tilden H. Edwards, *Spiritual Friend* (New York, Ramsey: Paulist Press, 1980), 121.

第六章 从被冲突困扰到适当地处理冲突

在希腊文化的影响下，新约书信中提到的冲突（agōn）大都是关于在极大压力下的争竞或争执。[1] 尽管保罗得到教会同心协力的支持和代祷，他也是一个在极大的精神压力下为教会服务的典型例子，但冲突似乎是保罗不能避免的事情。在《哥林多后书》所形容的充满张力的情况下，似乎必定会令保罗心力耗竭，但尽管有这些风暴，保罗却仍然在《哥林多后书》说他要"把教会引回正确的轨道，远离那些没有考虑到教会的益处，反与使徒争竞的人。"[2]

保罗爱哥林多教会，却经历来自基督肢体没完没了的挑战和多次的攻击，显然有经历情绪耗竭的危机。他自然想逃避攻击他的人，并且他可能对自己有很低的评价，特别是关乎他在哥林多教会的侍奉。他对这事工感到不满是很自然的事。作为哥林多教会的牧者，保罗对他们既表现出父爱，也表现出母爱。他花了十八个月的时间服侍他们，却仍然对他作为使徒所产生

① Cheryl A. Kirk-Duggan, "Conflict," in *The New Interpreter's Dictionary of the Bible*, ed. K.D. Sakenfeld, vol.1(Nashville, TN: Abingdon, 2006), 717.

② Linda L. Belleville, *2 Corinthians* (Downers Grove, IL: interVarsity, 1996), 13.

的果效感到不满。感到身心耗竭的牧师，往往因为要处理他们一手建立或服侍的教会的各种冲突而感到筋疲力尽。

我们从保罗在这个情况下所表现出的恒久忍耐，可以看出他在情绪方面感到的疲累。正如贝尔维尔（Belleville）所指出的：

> （保罗）从两方面遭受攻击。首先，哥林多人指责他轻易改变行程，答应了要回去看望他们，后来却又改变了主意（参见林后 1:12-2:4）。此外，他们还指责他不够资格，却自以为是（参见林后 3:1-4:5）。[1]

一个有基督样式的牧师和一个属世的教会之间很容易便会产生冲突。哥林多教会是一个属世的教会，他们正如一世纪的人（不管他们敬奉的是什么），只想得到健康、财富、保守、维系，并不想有品格上的改变。尽管他们不一定看重祖宗留下的家产和家族关系，但是社会地位和身份对他们来说却至为重要。当日的物质主义、自私自利的个人主义、看重地位的民间宗教，加上吹嘘个人成就的娱乐竞技次文化，成为十架福音和传讲这福音的使者难以攻破的障碍。（参见林前 1:17-19；林后 2:14-17）[2]

---

[1] 同上，第 19 页。
[2] Scott. J. Hafemann, *2 Corinthians*, NIV Application Commentary (Grand Rapids, MI: Zondervan, 2000), 26-27.

保罗也与教会中那些自以为比别人优越的人发生冲突，这也是今日教会中普遍存在的问题。哥林多的信徒显然容忍着在基督肢体中普遍盛行的傲慢态度：他们甚至容忍别人强迫他们作奴仆，或侵吞他们、掳掠他们、侮慢他们，或打他们的脸（参见林后 11:20）。除此之外，保罗也要处理假使徒的问题，因为哥林多的信徒不但按这些领袖的外表敬重他们，还让他们进入了有影响力的领导地位，让他们掌控整个群体……假使徒骗取了会众一笔为数不少的金钱，还成功地提升了自己的地位，令哥林多教会的领袖受到威胁，并且受到了严重的侮辱。[①]

保罗面对各种冲突的经历，并非是教会在两千年的救赎历史中的个别例案。他经历到世人抗拒神国度降临（整本圣经的主题）的典型情况。[②] 作为耶稣基督门徒和神国牧人的保罗，正因背起他的十字架，因而经历来自各方的反对和张力。"他们（耶稣、保罗和约翰）所传讲的核心信息就是基督和十字架"。[③] 保罗在《哥林多后书》11 章 23 节上半部分至 29 节列举出他所遭受的苦难、损失、羞辱和挫败。这一切都是保罗在他的事工中遇到冲突的例证。这些冲突无论在早期或在现代教会中都会导致牧师的生命失去和谐。

[①] D.A. Carson, *A Model of Christian Maturity* (Grand Rapids, MI:Baker, 1993), 119.

[②] Larry R. Helyer, *The Witness of Jesus, Paul, and John: an Exploration in Biblical Theology* (Downers Grove, IL: InterVarsity, 2008), 382.

[③] 同上，第 385 页。

三一神学院的新约研究教授卡森因而很恰当地做出以下的结论："作为真使徒的一个令人无法否认的主要标准（若非唯一的标准），似乎是当他们服侍基督时会遭受极大的苦难。"（参见林前 4:9-13；林后 4:7-12，6:4-5）[1] 保罗在经历这些冲突时多次被监禁，忍受了被人看不起的羞辱；他又被鞭打，忍受了皮肉之苦；最严重的是他在众目睽睽下被棍子毒打。他因传讲福音而与犹太人和外邦人有冲突，因而遭受了这些危险。除了这些深切的伤害，他也因被假弟兄（犹太领袖）出卖而感到身心耗竭（参见林后 11:23b-29）。对保罗来说，这些情况若只在哥林多发生已足够困难，然而保罗却不只是把精力倾注于一个教会：

> 保罗似乎把他对众教会的担心看为他最大的试炼。他已经列举出的极大苦难和压力，可以显示出他对其他信徒有多么深切的关注。的确，假如很多教会都有像加拉太和哥林多教会一样严重的问题，保罗必定对他深爱的众教会倾注了大量的感情和精力……保罗对整个教会献上了他全部的心力和心智。他这样做虽然很有果效，却要付上很多精力，并且因他与别人有深切的关系而被伤害。[2]

---

① Carson, *A Model of Christian Maturity*, 125.
② 同上，131-132 页。

正如前文所指出，导致身心耗竭的其中一个因素是牧师在他们所处的圈子中面对冲突。牧师所经历的情绪耗竭可能导致他们最终离开牧职。《哥林多后书》和《腓立比书》的第一章都显示保罗也许正面对严重的情绪耗竭，然而这并没有使他像大多数倦怠受害者那样要退出侍奉，也没有夺去可能会减弱他侍奉决心的个人价值感。哈里斯（Murray Harris）指出，保罗"不久前在亚细亚经历了一些苦难。他没有说明这些苦难是什么，却说这些苦难令他感到被压太重，力不能胜，甚至连活命的指望都绝了。"（参见林后1:8）[1]面对苛刻的指责，保罗感到分心。哥林多教会指责他反复不定（参见林后1:17-22）、他的事工有缺欠（参见林后2:16，3:5-6）；他们指责他举荐自己（参见林后3:1，4:2），其实他比不上刚到哥林多的犹太宣教士（参见林后10:12-12:13），却又拒绝接受他们在经济上的支助（参见林后11:8-9）。[2]保罗可以说面临情绪耗竭，然而神介入拯救了他，使他重新得力、继续侍奉（参见林后1:10-11）。虽然神并没有每一次都挽救保罗，却在各种苦难中安慰了他。这些苦难也为保罗带来了永远的荣耀，成为他的"成就感"（参见林后4:16-17）。[3]

---

[1] Murray Harris, *The Second Epistle to the Corinthians* (Grand Rapids, MI: Eerdmans, 2005), 123.

[2] Barnett, *Second Epistle to the Corinthians*, 42.

[3] Harris, *Second Epistle to the Corinthians*, 123.

尽管被囚禁和受逼迫并没有令保罗感到精力耗尽，但他却非常担心"腓立比的信徒正为福音做出生死存亡的搏斗，假如他们目前的困扰未得解决，就会……减弱（若非完全破坏）他们在当地对基督的见证。"[1] 作为一个牧者，保罗担心腓立比教会是否能够经受得起罗马官员越来越严重的逼迫。[2] 彼得·奥布赖恩（Peter O'Brien）补充说："对保罗来说，最重要的两点是能够'站立得稳'和'同心协力'，这是配得基督福音的天国子民的表征。"[3]

总括而言，尽管有些时候牧师没有表现出身心耗竭的症状，但他的事工却仍然会因他在情绪方面感到精疲力竭而失败，除非神介入提供拯救，正如保罗的情况。此外，牧者们在执行"例行"牧养工作时所积累的担忧，肯定会令他们感到情绪耗竭，正如保罗每天为众教会担忧所承受的压力："有谁软弱，我不软弱呢？有谁跌倒，我不焦急呢？"（参见林后11:28-29）保罗后来得以重新得力，也是因为他依靠神的力量。

此外，当保罗"看到公义被践踏，信徒的德行被撒但的差使攻击，他便怒火中烧"。[4] 保罗不但因为受到他所处文化和他所侍奉教会的攻击而"蒙羞受辱"，也为那些假使徒的软

---

① Fee, *Philippians*, 32.
② 同上。
③ O'Brien, *Philippians*, 36.
④ Carson, *A Model of Christian Maturity*, 133.

弱和他们的不知羞耻而怒火中烧。保罗却为自己的软弱自夸
（参见林后 11:30-33）。这与他所处社会和我们今天所处社会
的"自我吹嘘"形成鲜明的对比。[①] 林嘉勇（Kar Yong Lim）
这样解释说：

> 正如保罗列举出的苦难所显示，苦难的经历并非
> 一个体力软弱的人所能经受得起的。还有重要的一
> 点……软弱的概念在社会上包含着反面的含意。软弱
> 不单是个人对自己的看法，也是别人对自己的评估，
> 软弱被视为是一种耻辱（参见林后 10:10，11:21）。[②]

保罗有经历精力耗竭的极大可能性，他列举出的 26 项苦
难足以令他在精神上感到极为疲累，并且缺乏任何价值感。但
对保罗来说，在表面上看来似乎是缺乏和谐的情况实际上却为
他提供了解决冲突的方案。"尽管社会对苦难和软弱有负面的
看法，但苦难和软弱却是传扬福音的管道和十字架上的基督的
体现。"[③] 事实上，保罗最大的挑战，也是对他最有教育性的经
历是他身上的刺。巴奈特（Barnett）对《哥林多后书》12 章 7
节至 10 节有这样的评论："广义地说，学者一般认为保罗可能

---

① 同上，第 135 页。
② Kar Yong Lim. "*The Sufferings of Christ Are Abundant in Us*"（林后 1:5）(New York: T & T Clark, 2009). 173.
③ 同上，第 180 页。

是指他肉体上的毛病（[a] 一种疾病、缺陷、残疾，或 [b] 道德方面的诱惑），或人际关系上的问题（他事工遭受的反对或逼迫）。"[1]

保罗仿效耶稣于生命最后 24 小时在客西马尼园的祷告。这祷告从被钉十架、没有能力的弥赛亚的降服中彰显出神的能力。保罗以他自己的生命作为榜样，显出主复活的大能怎样"在软弱中显得完全，也就是说，在他的刺没有被拿掉的软弱中"。[2]基督的祷告并非只能帮助作为使徒的保罗，而是可以应用于任何令我们感到无能为力的情况，无论我们是牧者或是羊群。神没有应许让我们掌控我们自己的命运，这却正是大多数人最想要的。牧师们若要持守侍奉岗位，避免职任倦怠或放弃牧职，便要"呼求主，不是自暴自弃，而是求主接纳，这是对主积极的顺服；而主因我们的祈求，也会不断地对我们说：'我的恩典够你用，因为我的能力是在人的软弱上显得完全。'"[3]

在侍奉中遇到冲突是难免的。斯蒂芬·缪斯（Stephen Muse）发现冲突往往令牧者"怀疑他们的呼召，破坏他们的自尊心和家庭和谐"。[4] "这些冲突也许牵涉到教派的领导（26%）、各方面的要求（12%）、家人和孩子的需要（11%）、会

---

[1] Barnett, *Second Epistle to the Corinthians*, 569.
[2] 同上，572-573 页。
[3] 同上，572-573 页。
[4] Stephen Muse, "Clergy in Crisis: When Human Power Isn't Enough,"*The Journal of Pastoral Care & Counseling 61*, no. 3 (Fall 2007):183.

友（9%）、主任牧师（8%）和教会职员。"[1]

哈尔特（Archibald Hart）引述了一个富勒神学院在80年代后期进行的调查，发现"有百分之四十（的牧师）说他们每个月至少有一次跟至少一个会友有严重的冲突"。[2] 此书作者以前做的一个调查也显示出在北美华人播道联会的牧师当中，有21%说他们因会众的政治手腕或某些有影响力的会众而经历冲突。[3] 同样地，一个2007年关于讲英语的华人教会和他们的领导的报告指出，牧师们离开他们侍奉岗位的一个主要原因是"与别人有冲突"。这份调查也为怎样领导和处理冲突提供了有深度的建议：

> 我从自己手下的实习生得到的经验，以及从观察我的牧师朋友得知，他们所经历的大部分困难都与他们跟不同的人有冲突有关。他们往往"归咎外因"，怪罪于长执会、主任牧师、不成熟的会友……然而在这些例案中他们都没有自我反省。我相信尽管其他人是导致冲突的因素，但假如我们有适当的装备，知道怎样跟我们的带领者（例如主任牧师和长执会成员）、同工、羊群沟通，便可以在其中很多冲突变得无法补

---

① Hoge and Wenger, *Pastor in Transition*, 135.

② Hart, "Fuller Seminary Study".

③ 袁奇恩，问卷调查。

救以前，先预期、避免，或解决这个冲突。[1]

麦库恩（Douglas G. McKown）所作的研究使他做出以下的结论：他认为面对越来越多的冲突也许会导致牧师经历职任倦怠和催使他们退出侍奉。[2] 此外，这个研究也显示有些牧师因为与有权力的领袖、主任牧师和其他的教牧职员有直接的冲突而被迫退职。

黄伟康（Melvin Wong）对缺乏解决冲突的能力所隐藏的问题做出讨论。这些问题可追溯至他们以往所受的创伤，并且可能会令一些牧师选择逃避冲突，或"断绝关系，一走了之"：

逃避就是否认现实，并且太单纯地相信"时间会治愈一切"，使用"让过去的事情过去"的策略来解决问题。不健全的牧师不但没有把焦点集中于解决冲突，反而把矛头集中于他认为冒犯了他的人，企图在背后诋毁他，操控他并且使他失去信用。[3]

---

[1] "Chinese Coordinative Centre of World Evangelism English Task Force Survey Summary Report-English Speaking Chinese Churches and Their Leaders" (April 2007, CCCOWE), 4-5, 相关网址：www.ccowe.org/eng（访问于 2007 年 8 月 29 日）。
[2] Douglas G. McKown, "Pastors in Conflict: the Nature, Extent, Contributing Factors and Consequences of Conflict in Ministry" (Ph.D. diss., Fuller Theological Seminary, 2001), 82.
[3] Malvin W. Wong, "A Psychologically Healthy Pastor" (Christian Mental Health, July 19, 2001), 相关网址：http://www.christianmentalhealth.com/pastor.html（访问于 2010 年 12 月 10 日）。

鉴于这些无法避免的冲突，甘比尔和莱恩伯格（Gambill and Lineberger）因而指出：

> 无论是在有冲突或在和谐的情况下，大部分事工都是在一个涉及到情绪的环境下进行的。知道怎样察觉和使用情绪（就是拥有情绪智力），会在很大程度上影响到一个人能够建立和保持有效的人际关系的能力……情绪智力对具备良好的领袖力至为重要。[①]

简而言之，假如牧师要避免经历身心耗竭，甚至避免最终放弃牧职，必须主动地、成熟和有智慧地处理冲突。当我们审视关于牧师经历身心耗竭的研究和文章时，便会看到其中包括了人际关系的因素（例如缺乏倾诉对象、不会处理冲突和经历文化上的冲突），也有个人的因素（例如自感无法胜任牧职、休息不足够），并且最重要的因素是在灵性方面（个人跟神的关系）。

1. 处理冲突的过程

这过程从承认基督的肢体存在冲突开始，特别是牧师要承认自己面对冲突。布什拿（Frederick Buechner）在他的书（*Whistling in the Dark: A Doubter's Dictionary*）中指出，教会好

---

① Chris Gambill and Molly Linberger, "Emotional Intelligence and Effective Conflict Management," *Congregations* (Fall 2009): 28.

像挪亚的方舟一样：

教堂的中殿（nave）就是教堂建筑的中央部分，从主入口到圣坛的位置，是平信徒坐的地方。在宏伟的哥特式教堂中，有时候会用一个屏风把这里与诗班和神职人员所坐的地方分隔开。这词源于拉丁文（navis），意即大船。其中一个原因是教堂的拱形屋顶看起来有点像一条翻转的船的龙骨。一个更有趣的原因是教会被想象成一艘大船或挪亚的方舟。这两者相似的地方值得我们思考。

在教堂中如在方舟一样，包罗万有，包括了洁净的和不洁净的。他们从三山五岳被齐集一堂——捕食者和待补者，野性的和纯良的，打扮整齐、漂亮的和像罪那样丑恶的。其中有年轻狡猾的狐狸和冥顽不灵的老牛，有像猫般阴险，像猪般贪心和像孔雀般骄傲的人；有老鹰也有鸽子，有像猫头鹰般有智慧，像老鹅般滑稽，像绵羊般温顺或像喷火龙般暴躁的人。他们时而一起笑闹、咕哝、咆哮和高歌，时而鸦雀无声。他们当中大多数人都不大清楚他们到底要到哪里去，要怎样到那里，或假如当他们终于到达目的地，会有怎样的情况，但他们猜想负责的人必定知道，便稳坐休息，企图享受这一旅程。

　　然而这趟旅程并非一直都令人心情愉快。正如在所有其他地方一样，其中有在背后被诽谤的情况，也有像禽鸟类啄食的等级次序。有时在饲料槽旁大家互相推撞，有人咆哮、有人抱怨、有人长舌且满腹牢骚、有人损人不利己、有好色的老头，也有阴毒的寡妇。这是一个动物园，有时真是臭气熏天。

　　可是甚至在最坏的情况下，至少有一点帮助他们可以容忍船中的情况，就是外面的风暴——可怕的狂风巨浪，泛滥的滚滚洪水，放眼望去，看不到任何援助。就算航程并非一帆风顺，但在船中最大的好处就是不必受风吹雨打，而且无论如何，总觉得自己正朝着正确的方向迈进，不致被洪水吞灭，并且像在黑暗中的亮光，为他们提供了找到安全避风港的盼望。

这过程的第二步就是阐明处理冲突到底是什么意思：

　　冲突牵涉到相互依赖的各方的互动。在冲突中，其中一方感到另一方总想要妨碍他们达到目标或阻止他们满足他们的需要。我们必须明白，冲突可以由个人的感受驱使，并不一定是基于客观的事实。相互依赖的因素在冲突中扮演着重要的角色，因为彼此竞争或合作的倾向往往驱使双方在冲突中怎样

互动。①

有效地处理冲突是把处理冲突的过程分成两个阶段：分化的阶段和整合的阶段。当我们有效地处理彼此的差异时，双方都会有机会表达出他们的立场和情绪。通过这个过程，双方都明白对方的立场（尽管他们不一定同意对方的想法）。他们承认对方的立场是合理的，因而有动力去解决彼此的冲突。在有效的整合阶段中，双方探讨不同的解决办法，发展出一个满足各方需要的方案，并且制定出执行解决方案的方法。②

有几种处理冲突的基本风格，形容一个机构里的人在面对冲突的情况下怎样互动。这些冲突的风格代表一个人在冲突中的一般反应方式。按照当事人对达到其目标的决心和他们对成就其他人的目标的关心，我们分辨出五种处理冲突的风格：竞赛型、随和型、逃避型、合作型和妥协型。③ 马里兰大学把这五种风格以动物作模拟如下：

① Joseph P. Folger, Marshall S. Poole and Randall K. Stutman, *Working Through Conflict* (New York: Longman, 2001), 14.
② 同上，第 34 页。
③ 同上，第 110 页。

2. 处理冲突的风格

鲨鱼（竞赛型）：你输我赢

鲨鱼尝试制服对手，强迫他们接受自己解决冲突的方法。他们的目标对他们来说极为重要，人际关系倒为次要。他们会不计代价地达到自己的目标，对其他人的需要不太关心，不管别人是否喜欢或接纳他们。他们认为解决冲突的方法就是一方得胜而另一方认输，自己要成为得胜的一方。得胜让鲨鱼感到自豪和有成就感。失败令他们感到软弱、能力不足和沮丧。他们企图以攻击、压倒、制服和威胁等方法成为胜方。

泰迪熊（随和型）：我认输，你赢了

对泰迪熊来说，关系至为重要，他们自己的目标反而不那么重要。泰迪熊希望别人接受他们、喜欢他们。他们宁可保持和睦而避免冲突，认为若公开讨论冲突便难免伤感情。他们害怕若冲突继续下去，总有人会受伤害，导致关系破裂。泰迪熊会这样说："为了得到你的青睐，我会放弃我的目标，让你得到你想要的。"泰迪熊为怕伤感情，宁可息事宁人。

乌龟（逃避型）：你让步、我让步

乌龟为了避免冲突，便缩进他们的壳里。他们放弃目标和关系，躲避引起冲突的问题和跟他们有冲突的人。乌龟相信退避冲突比面对冲突容易。

猫头鹰（合作型）：我好你好

猫头鹰极之重视他们的目标和关系。他们视冲突为一个可

解决的问题，并且要找出一个既成全他们的目标又成全对方目标的解决方案。猫头鹰认为借着减低双方的张力，冲突可以成为改良关系的途径。他们设法引起讨论，指出当下的冲突是一个问题。猫头鹰借着找出既令自己满意又令对方满意的解决方案，保存了双方的关系。直到他们找出成全自己和对方目标的解决方案，否则他们不会甘心；直到双方的张力消失、负面情绪消失，否则他们也不会感到满意。

狐狸（妥协型）：你让步，我让步

狐狸适度地关心他们自己的目标和他们与别人的关系。他们要找出妥协的方式，愿意放弃自己部分的目标，并且说服与他有冲突的另一方也放弃他们部分的目标。他们要找出一个让双方都有好处的处理冲突的方法，在两个极端之间寻求中庸之道。为了大局，他们愿意牺牲自己部分的目标和人际关系。

"权力就是指影响或掌控事情发展的能力，按当事人有多少能力影响其他人和达到他们的目的而言。权力的来源有多方面，包括了物质（金钱或势力）、才能、受别人爱戴的程度和在群体或机构中所拥有的地位。"[1] "权力也会影响在冲突中的互动。双方在冲突中的举动和反击都是基于他们是否愿意和有能力使用他们的权力。各方按照他们所拥有的资源作为有效影响别人的基础。"[2]

---

[1] 同上，第 152 页。
[2] 同上，第 154 页。

"脸面是一个人让别人看到的一面，是他或她为自己建立的公开的正面形象。"[1] "当一个人的形象受到挑战或被忽视，他们便感到丢脸。互相尊重和合作，顾念彼此的面子，是我们在日常跟别人的互动中一项最重要的事情。"[2]

一个人的风格特色是否不可能改变呢？"各人有他们处理冲突的习惯，这是他们处理冲突的第一反应。假如我们了解自己处理冲突的惯常方式，便可以加以改变，甚至可以有策略性地选用适当的方式。"[3]

我怎样才可以选用适当的方式呢？"这种方式在这个情况中效果会如何呢？这种方式会引起什么反应？这种方式对各方的长远关系会造成什么后果？在目前的情况下，这种方式合乎道德吗？"[4]

"当时的气氛反映出各方在那种情况下的感受。整体或双方共同的感受取决于他们之间的互动。"[5]

"'反省性思维'方式的设计是借着紧密地控制讨论内容，帮助各方避免碰到潜伏的问题，要他们等到了解问题后再考虑各种解决的方案。这设计也鼓励各方在考虑解决冲突的方法时，

---

[1] 同上，第 182 页。
[2] 同上，第 183 页。
[3] 同上，第 267 页。
[4] 同上，第 268 页。
[5] 同上，第 216 页。

先探索各种可能性，并且仔细评估每一种做法。"[1]

"当各方能以新的目光重新解读他们所处的情况，他们便能够'转换架构'。这种架构的转换将改变他们怎样看待冲突，也改变他们对其他人采取的行动和反应。"[2]

处理冲突的第三个步骤就是明白冲突的程度。《掌握冲突和争议》（*Mastering Conflict & Controversy*）一书的其中一个作者李斯（Speed Leas，其他两个作者是 Edward G. Dobson 和 Marshall Shelley）指出："冲突的程度与其说与问题有关，不如说与人们对问题的反应有关。尽管大家彼此坦率诚实，但并不等于他们之间没有实在的差异。随着利害关系的增加，更严重的冲突也可能随之而至。"[3] 这几个作者描述了以下五种程度的冲突：

第一种程度的冲突：各方基于冲突造成的窘况，共同的目标主要是把问题化解。

第二种程度的冲突：无法达成协议；各方的目标稍有改变，每一方都变得越来越关注自我保护。

第三种程度的冲突：好比一个竞赛，各方关注他们一方的胜利和按他们的方式做事，多于解决问题或保存面子。

第四种程度的冲突：对冲突有"战斗或逃跑"的反应，各

---

① 同上，第 280 页。
② 同上，第 281 页。
③ Edward G. Dobson, Speed B. Leas and Marshall Shelley, 83.

方的主要目的是断绝关系，打算自己离开或叫对方退出。

第五种程度的冲突：棘手的冲突；各方愿意让对方生存，却保持距离。在第五种程度的冲突，各方认为他们的对头既邪恶又恶毒，光除掉他们也无济于事。[①]

李斯也指出在教会中 10 个最可能引发冲突的情况：

a. 复活节期间

b. 好管家运动／财政预算期间

c. 增加新的教牧人员

d. 改变领导风格

e. 牧师度假

f. 牧师家庭发生改变

g. 婴儿潮出生的一代进入教会

h. 新建筑物完工

i. 损失会友

j. 会友增加 [②]

处理冲突的第四个步骤是练习以爱心说诚实话。我们可以基于《以弗所书》4 章 14 节至 16 节发展出适合牧师用的退修材料：信心不断成熟和增长，并以爱心和诚实为凭。

杰夫·罗西瑙（Jeff Rosenau）在他的书（*When Christians Act Like Christians*）中问了这样的一个问题："假如我与跟我

[①] 同上，**85-93** 页。

[②] 同上，**109-116** 页。

看法不一样的人沟通，我的目的是要证实我是'对的'，还是我要做荣耀神的正确的事呢？"[1] 更深入地研读《以弗所书》4章4节至16节，显示出"诚实话"的意思是基于爱/信实的真理。一个诚实的人是活出他或她的圣约责任的人，包括了他们的言谈和行动。在爱中活出真理是成长的途径和成长的结果。真理和爱是不可分割的。爱喜欢真理（参见林前13:6）。因此，牧师应该以爱心说诚实话。福音就是真理之言，我们要按真理说话和行事，要用心灵和诚实敬拜。敬拜就是述说关于神的诚实话，忏悔则是数算关于我们自己的诚实话。

福音表达出现实，却拒绝假装的现实。换句话说，在爱中活出真理是个人化的、实际的和全面的。我们的神的确是一个重视关系的神。我们跟他的关系和跟其他人的关系比我们面对的任何问题都重要。这样的实践会帮助我们可以诚实地谈论恐惧、困扰、愤怒、饶恕和盼望。在我们处理关系问题前，先对自己有所了解至为重要。我们也会发现凭爱心说话，并且听见别人凭爱心对我们说话，可以让我们进入别人的生命，明白他们的挣扎，感受到他们的痛苦。通过这个过程，我们会认识到冲突是神让牧者在他里面成长的机会。

本着凭爱心说诚实话的精神，排除引起冲突的起因就是处理冲突的基础。引起教会冲突的3个人性缺陷包括了害怕（害

---

[1] Jeff Rosenau, *When Christians Act Like Christians* (Centennial, Colorado: Accountability, 2010), 38.

怕教会有什么情况发生或不发生，焦虑最终变成担忧）、要求（个人的要求与其他人的要求有所冲突）和罪。当我们在解决问题时遇到困难，可以按照以下列出的步骤进行：

（1）明确地找出问题的所在

（2）对问题的所在达成共识

（3）探讨不同的解决方案

通过合作或协商，定立选择其中一个解决方案的标准。[①]

此外，当面对不同的价值观时，教会有几个选择：

a. 把问题"转换架构"

b. 隔离；确保意见不合的各方不会在同一时间、同一地方出现

c. 同意暂时不解决问题 [②]

柯克·布莱克沃德（Kirk Blackard）和詹姆士·吉布森（James W.Gibson）在他们的书（*Capitalizing on Conflict*）中强调："……当我们只处理冲突的症状，我们从处理冲突所得的心得并没有融入整个组织架构中，因此大家会重蹈覆辙。处理引起冲突的根本原因，取决于当时的情况……经验、直觉，并且为了得到答案，决定哪些问题需要追究'为什么'。一旦发现了根本的问题，便可以客观地考虑，决定怎样按部就班地

---

① Marshall Shelley, ed. *Leading your Church Through Conflict and Reconciliation* (Minneapolis, Minnesota: Bethany, 1997), 104-107.
② 同上，108-111 页。

减少将来发生冲突的可能性。"①

学习处理冲突的最后一步，就是要紧记教会中没有相同的两个人，因为我们每个人在神眼中都是独一无二的。至于解决冲突的速度，谨慎缓慢地进行会有较好的效果。在和解的过程中，宁可每次处理一个问题，不要同时解决所有问题，乃是明智之举。请注意不同的文化、个性、年龄、成长背景等会形成不同的观点。把各种解决问题的方案记录下来。

此外，对那些一起解决问题的人来说，最重要的过程是彻底分析问题，并且在各人提出的解决方案中做出最好的决定。与此同时，专家也建议大家对处理冲突不合宜的方式做出定义。奥尔本研究所的咨询服务总监李斯（以上曾引述过）认为，"不合宜的冲突处理方式包括了人身攻击、猜测（认为别人心怀恶意）、令别人感到内疚（'看你令我多难过！'）、排斥、诋毁／中伤别人、引用来自秘密来源的消息，甚至只是暗示有这样的消息。"②

约翰·弗莱（John W. Frye）在他的书（*Jesus the Pastor*）中强调"……有神赋予能力的牧者接受属灵冲突是他们生命的一部分。"③ 冲突是无可避免的，其实冲突是神使用的工具，为

---

① Kirk Blackard and James W. Gibson, *Capitalizing on Conflict* (Palo Alto, California: David-Black, 2002), 254-255.
② Edward G. Dobson, Speed B. Leas and Marshall Shelley, *Mastering Conflict & Controversy* (Portland, Oregon: Multonmah, 1992), 44.
③ John W. Frye, *Jesus the Pastor* (Grand Rapids, Michigan: Zondervan, 2000), 132.

要塑造他的儿女成为基督的工人。然而"牧师必须向神的每一个儿女、侍奉团队的每一个成员解释清楚属灵争战——那个真实并关系到生死存亡的冲突——的个人本质,并且装备和教导每一个信徒,让他们有得胜的技能。"①

---

① 同上,第 126 页。

第七章 从受文化差异的震撼
到应付文化冲击

1. 文化冲突

尽管工作地点的文化对本书作者研究的工作效率有所帮助，但文化（由文化产生的不切实际的期望）也是导致身心耗竭的其中一个主要因素。"文化"一词包括了物质本体、行为规范、价值观、信念、外在的表征和代表：

> （"文化"）广义地被用来指不同的生活方式。文化为人类社会对生命意义的看法提供了一套解释……文化好比神学（人类对神的认知），文化跟人对生活意义的看法不可分割，因此文化对圣经的解读也扮演了重要的角色。[①]

圣经对于怎样处理文化冲突，为我们提供了特别丰富的资源。圣经中"包含着横跨几千年的不同文化，我们可以从这多元化的时代和地域看到各种不同的文化互动"，从中展示出圣

---

① Khiok-Khong Yeo, "Cultural Study," in New Interpreter's Dictionary of the Bible, vol. 1, ed. K. K. Sakenfeld, (Nashville, TN: Abingdon, 2006). 809.

经中的"文化讨论"。① 自从人类的堕落，圣洁的文化和不圣洁、属世的文化一直同时存在。人类堕落以前，神的心意是要人管理天空、陆地和海里的各种活物（参见创 1:26、28）。人类身为仁慈，并且对抗和抑制邪恶的神的仆人，有治理万物的自由。布鲁斯·戈尔奇（Bruce K. Waltke）在《旧约神学》（*An Old Testament Theology*）中指出：

> （神学家）把神叫人治理和管理全地的命令称为文化使命（我们蒙神托付这个祝福和责任，要在基督的主权下发展文化）。所有人类（按照他们被造的形象和他们自我繁殖的本性）都是文化的制造者……问题并非人类是否会发展出文化，唯一的问题是他们发展出来的是什么样的文化？这将会是圣洁的文化还是不圣洁的文化？这文化将会被神的爱(agape)推动，还是被人对自己的爱（eros）推动？……一个对使命不圣洁、属世的理解会令人类因他们的贪婪、恐惧、高傲和狂妄滥用而受到侵犯和虐待。②

按照人类有罪的本性，他们往往享受神的创造，却没有把荣耀归给创造万物的神，反而归功于自己、别人或别的东西。

---

① Lucien Legrand, *The Bible on Culture* (Maryknoll, NY: Oris 2000), vii.
② Bruce K. Waltke, *An Old Testament Theology* (Grand Rapids, MI: Zondervan, 2007), 220.

该隐的后代：

> ……代表了人类的文化，有伟大的建设，却没有又真又活的神……与其尊崇神，他们尊崇一个人，（该隐）以他儿子的名字命名城市……传福音的使命和文化使命共同存在，目的是要讨神喜悦……让基督徒在先把荣耀归给神后，再以神为乐。[①]

牧师应当把他们的整个生命作为活祭献给神，"一个人在他实际的生活中把生命全然献上，不仅仅包括内心的思想、感情和抱负，也包括外在的言谈和行为，过一个顺服的生命（参见罗 12:1）"[②] 查尔斯·塔尔伯特（Charles Talbert）对《罗马书》12 章 2 节有以下的补充：

> ……这是跟第一节呼应的一个劝勉。第一节的重点是"身体"，第二节却是关乎我们的"意念"。总括而言，重点是要我们把整个人献给神。劝勉的第一部分是反面的命令："不要效法这个世界"。"意指现今这个邪恶的世代，有扭曲的价值观／属世的文化。"紧接的是正面的教导："要心意更新而变化"（参见罗 3:10；弗 4:23）。其中的动词都是被动式的：

---

① 同上，第 221 页。
② C.E.B. Cranfield, *A Shorter Commentary on the Epistle to the Romans* (Grand Rapids, MI: Eerdmans, 1985), 295.

"要被更新，得以变化"。自我对生命的掌控被夹于两个宇宙能力的斗争中：罪（世俗的文化）和神（属神的文化）……然而，那些已获释放并且有神大能同在的（敬虔的牧师），可以正确地有所行动——"不要效法"和"要被更新"。心意得以更新和变化，便可以分辨神的旨意，察验何为神"善良、纯全、可喜悦的旨意"。①

穆尔（Douglas Moo）在他的《罗马书注释》（*The Epistle to the Romans*）中进一步阐释说正是出于神的怜悯，他赐下能力，并且激励我们的心去顺服他的旨意：②

> 我们所经历的神的怜悯是一种完全得着我们的能力。恩典如今在我们的生命中"作王"（参见罗5:21）……这个世界，更确切地说是"这个世代"（属世、不敬虔的文化）是被罪辖制、产生死亡的领域。在亚当堕落后，全人类自然而然都属于这个领域。但是基督的舍己，是"要救我们脱离这罪恶的世代"（参见加1:4）；那些属于基督的人，已经从罪和死的旧领域转换到了有公义和生命的新领域中（参见罗

---

① Charles H. Talbert, *Romans* (Macon, GA: Smyth & Helwys, 2002), 284-285.
② Douglas J. Moo, *The Epistle to the Romans* (Grand Rapids, MI: Eerdmans 1996), 749-50.

5:17、21，6:2-6、14、17-18、22，7:2-6，8:2、9）。[1]

解经家也指出在《罗马书》12 章 1 节至 2 节中，"效法"和"转变"的分别。克兰菲尔德（Cranfield）这样解释说：

> ……福音这样说，基于"神的怜悯"，（基督徒）只有一个选择，就是抗拒被现今这世代的价值标准和常规不断地影响和塑造……基督徒必须承认他们的生命在很大程度上效法了这个世代……（为要成立一个敬虔的文化）他要让自己不断地被改变、重新塑造，使他现在的生命更明显地彰显出神将要降临的国度，这国度在基督里已经降临。[2]

尽管我们已属于新的领域，属于主耶稣基督的新文化，但我们仍然受到旧领域文化的影响。因此保罗力劝我们"不要效法这个世界"，要"更新而变化"。这些动词都属于现在时时态，表示这两个文化之间的斗争是持续不断的，而且"更新心意"是一生的过程，要不断地"察验何为神的旨意"。

因此，为了减少身心耗竭的症状，牧师需要明白建立敬虔的意念是一生的过程。当牧师顺着圣灵的引导渐渐明白、接受和遵行神的旨意（参见罗 8:4-9)，他们堕落的意念便得以更新。

---

[1] 同上，第 755 页。
[2] Cranfield, *Romans*, 297.

我们借着遵行神的旨意，属世的意念便会从以自我为中心转为以别人为中心，进而更能察验神的旨意。

耶稣命令他的门徒"要完全,像你们的天父完全一样"（参见太5:48）。难道牧师要像大牧者耶稣基督一样的无罪、无瑕疵、大有能力吗？"完全"在希腊文是 teleios，相对于希伯来文的 tamim。哈格纳（Hagner）解释说，tamim 在旧约经文往往是指"品德正直"，与耶稣要门徒爱神、爱邻舍，甚至于爱敌人的命令相呼应，[①] 因为他"叫日头照好人，也照歹人"（参见太5:45）。事实上，布隆贝里（Blomberg）认为，对"完全"一词较好的诠释是成熟或对神和人全然的爱。[②] 但他也指出这种期盼要等到主第二次降临／天国的完满实现才能被全然执行。[③]

法兰斯（R.T. France）同意说："天国的要求是无限的，或可以说其最高的要求是要我们达到完全，像神一样的完全。"这是神对门徒清楚和当前的要求。[④] 这个命令（参见太5:48）使我们想起《利未记》中的命令："你们要圣洁，因为我耶和华你们的神是圣洁的。"（参见利19:2）神的子民要反映出神的本性，对天国现代的子民来说也是一样（参见太5:3-10）。

---

① Donald A. Hagner, *Matthew* 1-13 (Dallas, TX: Word, 1993), 135.

② Craig L. Blomberg, *Matthew* (Nashville, TN: Broadman, 1992), 115.

③ 同上，第95页。

④ R.T. France, *The Gospel of Matthew* (Grand Rapids, MI: Eerdmans, 2007), 228.

耶稣采用了 teleios（完全）而没有采用"圣洁"，也许是出于《申命记》18 章 13 节要求神的百姓在神面前作完全人。这个用词的含意比道德上没有过犯更广，是指灵性方面的"成熟"。[1]

布拉德·里德尔（Brad Riddle）在他探讨耶稣关于"我们要完全"的教导时，也同意圣经中所说的完全并非指一个人道德上绝对的纯净或没有犯罪，而是指他要成熟和完备："耶稣令人惊讶和印象深刻的宣称，指出天国的道德包括要求门徒爱他们的敌人和爱逼迫他们的人。大部分学者都认为神要我们成为完全的命令，为我们设立了一个目标。我们在世上只能部分达到这个标准，要等到将来的国度来临才得以完全达到这目标。"[2]《马太福音》有一个清楚的信息：神的国度必将来临。我们正处于"已经到来却未完全实现"的时代。拉里·希里亚（Larry Helyer）声称，作为进入神国度的门徒，重点在于"背起你的十字架来跟随我（耶稣），与基督同死同复活，相信并且住在基督里。"[3]

在《马太福音》5 章 48 节所用的命令式未来时态（"你们

---

[1] 同上，第 228 页。

[2] Brad A. Riddle, "Exploring the Effect of a Lifestyle Enrichment Program to Reduce Perfectionism and Increase Spiritual, Individual, and Interpersonal Satisfaction in Christians, Using a Cognitive Behavioral Intervention" (D. Min. diss., Denver seminary, 2006), 60.

[3] Larry R. Helyer, *The Witness of Jesus, Paul, and John: An Exploration in Biblical Theology* (Downers Grove, IL: InterVarsity, 2008), 401.

要完全"）显示这并不是一个不切实际的期望。神并没有在我们追求达至他的完美，或在我们追求灵命成熟的过程中"降低"要求。他也不只是对使徒（他的仆人和牧者）定下这个最高的目标，牧师也要朝这个目标努力，并且鼓励信徒说，主曾应许在这过程中与他们同在，直到世界的末了。[①]威尔金斯（Wilkins）进一步地阐明，耶稣并不是在说："你们要灵命成熟，像你们的天父灵命成熟一样。"对马太来说，有天父的样式乃是我们的目标。[②]"要完全"的命令因此意味着一个"要一生追求的不完全的过程，这个目标只能在未来才能得以全然成就。"[③]

在《马太福音》19 章 16 节至 30 节，有一个富有的少年人来见耶稣，想得到永生；他相信自己的生命是良善正直的，却想更进一步地侍奉神。这样的期望到底是"不切实际的"还是敬虔的呢？马修·法兰西（Matthew France）声称，耶稣正在向那少年人道出神国所要求的"完全的"标准。他进一步披露出这个少年人的抱负隐藏着他更深的属灵问题，因此他"更进一步的探索"是正确的。他想成为"完全"，不是指道德上的毫无过犯，而是要成为全然成熟，那也正是耶稣对他的期望。正如《马太福音》5 章 48 节的记载，这是耶稣对他所有门徒

① France, *Matthew*, 254.
② Michael J. Wilkins, *The NIV Application Commentary: Matthew* (Grand Rapids, MI: Zondervan, 2004), 255.
③ 同上，第 267 页。

的期望。[①] 威尔金斯认为耶稣要指出这个少年人生命的核心问题：他的财富已经成为他的"身份、权力、目标和生命意义"。[②] 在这个少年人不切实际的期望里面，是隐藏着不合神心意的目的呢？还是这样的期望是合神心意的，但只能借着负耶稣"容易的轭"，当我们劳苦担重担（精疲力竭），到耶稣那里去时（参见太 11:28-30），这期望才可以达成呢？看来答案是肯定的。

丁盛（Sheng Ding）与罗伯特·桑德斯（Robert Saunders）追溯"文化"一词从 19 世纪至 21 世纪在定义上的演变：

> 早至 1871 年，英国人类学家爱德华·泰勒（Edward B. Tylor）便这样发表说："文化或文明，广义地从人种学来定义，就是指那复杂的整体，其中包括了知识、信仰、艺术、道德、法律、风俗，还有包括这个社会中的成员任何其他有能力做的事和习惯。"踏进了 21 世纪，文化往往被这样定义："一个社团或社会的精神、物质、思想和感情特征。除了艺术和文学外，还包括了生活方式、居住习惯、价值观、传统和信念。"[③]

---

① France, *Matthew*, 734-35.

② Wilkins, *Matthew*, 649.

③ Sheng Ding and Robert A. Saunders, "Talking up China: An Analysis of China's Rising Cultural Power and Global Promotion of Chinese Language,"*East Asia* 23, no. 2(2006):5.

丁允珠（Stella Ting-Toomey）补充说："文化是一个复杂的参照架构……包括了传统、信念、价值、准则、象征物、团体中各成员对事情在不同程度上共同的看法。"[1]

使用这些标准来看文化，一个人一生中显然可以受到多种文化的影响。从他小时候的家庭经历开始，受着家中明确宣称或能被臆测出来的信念和价值所熏陶。一个人主要在青少年时期才越来越多地受到流行文化的影响，他的信念和价值观乃是直接或间接地来自娱乐界或有名气的体育健将。当他进入更高的学府，参加了其中不同的学会和社团，便更被变化多端的文化信念和价值观所包围。

虽然以上的例子并不完整，却证明了一个人在他或她的一生中可能受到多种文化的影响。并且这些文化之间可能会有严重的冲突。接受了牧师的呼召，却没有辨识出各种不同文化对自己的影响，也许会影响到自己完成牧师呼召的能力。想要同时满足家庭、国家、民族对自己的各种期望，会导致张力，令人感到焦燥、疲累、沮丧，促成职任倦怠的情况，甚至最终使牧师退出侍奉。当我们明白到文化冲突是造成职任倦怠的潜在因素，因此当牧师接受牧职时，他必须有稳固的信仰根基和价值观，了解作为牧者的一般职责，特别是在领导方面，并且意识到自己受到了各种文化价值的影响。

---

[1] Stella Ting-Toomey, *Communicating Across Cultures* (New York: Guilford, 1999), 10.

埃德加・史肯（Edgar H. Schein）强调了领导者理解文化的重要性，以便他们明白当组织中不同的次文化（牧师和会众各自的文化）互相作用时会发生什么情况。"他们必须互相合作。"[1] 他也对组织文化有以下的定义：

> ……大家的一套基本共识；团队在解决问题（包括对外的适应和内部的整合）时积累了一些经验，大家认为这些经验已获证实是可行的，因此，应该传授给新加入的成员，当他们面对同样的问题时，可以凭这些共识知道对事情应该有怎样的体会、想法和感受。[2]

史肯认为文化有三个层次，包括文化产物（可见的但难以解读的组织结构和程序）、明白道出的价值观点（策略、目标、理论，就是指支持组织存在的因素）和基本假设（潜意识的、被认为是理所当然的信念、认知、思想和情感，所有价值观和行动的最终来源）。[3] 史肯继续说：

> 文化和领导力是同一枚硬币的正反面，因为当领导者（牧师）建立起组织架构和形成小组时，便

---

[1] Edgar H. Shein, *Organizational Culture and Leadership* (San Francisco, CA: Jossey-Bass, 1992), xii.
[2] 同上，第 13 页。
[3] 同上，第 17 页。

是创立了文化。文化一旦成立，便会反过来判定对领导层的要求，因而决定谁会成为领导者。假如这文化出了问题，领导层的独特责任便是分辨出现存文化中哪些方面功能良好和哪些方面功能失调，并且引导文化的演变和改进，以致使整个组织可以在不断改变的环境下生存。

对领导者来说，如果他们不认识他们所处的文化，这些文化便会辖制他们。我们所有人都应该了解我们所处的文化，但对领导者而言，假如他们想有效地带领，了解所处的文化就是必须的。[①]

杰基·凯蒂（JacKie Katy）在他的文章"极大的期望"（*Great Expectations*）中，讨论了会众对牧师不切实际的期望：

假如我在过去 39 年的侍奉中学到了什么，便是会众对他们的牧者有不切实际的期望。对会众来说，星期天站在讲台上的牧师是神的代表，并且是整个信仰体系的表征。担了这个担子，再加上大家认为牧师既然有这个职分，必然具备某些德行，并且期待他以身作则。大家认为牧师应该是一个有能力的领导者，但不专横；讲道充满热情，却不得罪人；有极大的智

----

① 同上，第 15 页。

慧，却不傲慢；努力学习却不忽视会众。换句话说，牧师几乎要达到完美。[①]

美国牧师除了要应付目前这些对他们复杂的期望外，还发现自己需要同时服侍属于不同年代的人。例如，很多现代教会企图吸引不同的群体，包括战前年代的人、战时生的孩子、婴儿潮出生的一代、新生代、千禧 /Y 世代。每一代人都有自己的期望。例如：

> 以婴儿潮出生一代为目标的教会，为会众提供高质量的服务和教会设施。他们致力提供卓越的服务，却不要求会众盲目的忠心。婴儿潮出生一代经历了最好的世俗条件，他们努力以可与之相比的形式来传达信息。教会幼儿室之清洁亮丽可与大街上的托儿所相比。讲道内容对受过大学教育、阅读广泛、周游各地的会众而言具有说服力和可信性。无论是关于圣经真理和 / 或关于团契生活，他们都保持了极高的水平。[②]

安德森（Anderson）补充说，一个有定向、注意趋势的教会，期望他们的牧者所拥有的专长和异象，超出了传统上对牧职的

---

① Jackie Katy, "Great Expectations," Quiet Waters Ministries Compass, 相关网址：http://www.qwaters.org/compass（访问于 2007 年 2 月）。
② Leith Anderson, *Dying for Change* (Minneapolis, MN: Bethany House, 1990), 85.

要求或他们所受的训练。牧师对自己事工的期望，加上他们个人和牧师身份之间模糊不清的界线，导致他们有所挣扎。很多会众仍然以制度标准来衡量牧师的成功：聚会人数、教会建筑、财政预算和教会提供的服务。[①] 牧师因此往往也以同样的标准将自己的成就与别人作比较。

由文化引起的不切实际的期望，也许会令经历职任倦怠的牧师在灵性、精神和感情上退缩。尽管他们仍然在教会中，但他们的思想已经从以"呼召"为中心，转为"这只是一份工作而已"。在这个情况下，正式退出侍奉并不会令人感到惊讶。肯特和芭芭拉·休斯（Kent and Barbara Hughes）对这个问题有以下的讨论：

> （一位牧师）离开教会，开车到城市的垃圾站，把所有的东西丢进垃圾堆中。这位年轻有为的牧师坚决永远不再回去侍奉……我们担心在教会侍奉的人的士气和生存率——牧师往往因为对成功有不正确的期望而有严重的挫折感。[②]

陶恕（A.W.Tozer）为这些因素提供了一个非常好的总结：

> 这种期望成功的狂热，是把一件好的事情扭曲

---

① Yuan, 对中国牧师采访的回应（2006 年 11 月）。

② Kent Hughes and Barbara Hughes, *Liberating Ministry from the Success Syndrome* (Wheaton, IL: Tyndale, 1980), 9.

了。想达到神创造我们的目的，固然是来自神的恩赐，但罪把这个冲动扭曲，把它变成一种要胜过别人和赢得最高荣誉的自私的欲望。整个人类世界都在这情欲（原文如此）恶魔的驱策下，无处可逃。[1]

牧师反映出他们所处的文化；因此，牧师受着主导文化的影响。按照这篇论文作者的经验，中国牧师特别难于与别人分享他们内心的想法。"不要丢脸"的概念在中国文化中的重要性，妨碍了中国牧师向朋友透露个人的失败，或征求朋友的建议。中国牧师往往只有很少的朋友，甚至完全没有朋友，不过这并非完全可以归咎于他们在侍奉上所扮演的角色，而是因为牧师所处的文化强调个人主义、才智和自我牺牲。

亚洲文化是影响中国牧师的主导文化。结果，会众也可能被"面子"蒙蔽，看不到牧师也会有情绪上的起伏。他们把牧师捧在崇高的地位，期望他们不食人间烟火。这个问题因西方文化推崇个人主义、才智和自我牺牲而显得更为严重。

2. 应付文化冲突的过程

应付文化冲突的关键是认识文化。研究牧者所处文化最好的方法，是采用人种学定性研究的采访法。定性研究的长处是

---

[1] A.W. Tozer, *Born After Midnight* (Harrisburg, PA: Christian Publications, 1959), 57.

通过更深入地探讨研究对象的真实故事，从而对整个过程更加了解。[1]

詹姆斯·斯普拉德利（James Spradley）认为"人种学就是对一个文化的形容。这个研究活动的本质核心是要通过本地人的眼光来明白另一种生活方式"。[2] 研究员通过这个完全开放、深入详细的访问方式，可以更多地明白研究对象的生活、文化、观点、语言，并且了解这些因素与职任倦怠的关系。研究员成为调查对象生活工作的一部分，同时进行观察。这样深入地去了解调查对象的背景，好处是能够更进一步地了解他们的生活详情，缺点是可能会因为与调查对象过分认同而失去客观性。

使用斯普拉德利的研究方法，研究员依次按照以下的五个步骤进行人种学的研究：

（1）选定问题

（2）收集资料

（3）分析资料

（4）成立假设

（5）把结果存档[3]

---

[1] Michael Quinn Patton, *Qualitative Research & Evaluation Methods* (Thousands Oaks, CA: Sage, 2002), 4.

[2] James P. Spradley, *The Ethnographic Interview* (New York, New York: Holt, Rinehart and Winston, 1979), 4.

[3] 同上，93-94 页。

这个研究方法让研究员成为学生，让调查对象成为老师。通过电话访问，研究员让调查对象以自己的语言提供数据，从中发掘出人种学的详情，进一步证实资料，然后将结果以研究语言写出来，并且整理资料和分析结果。

此外，牧者应该毕生不断地研读圣经，并且认识他们所处的文化。① 在《使徒行传》17 章，当保罗从亚略巴古向雅典人传福音时，使用了他跟犹太人传福音不一样的策略，显出他是一个灵活的基督使徒。他效法了耶稣的榜样，对不同的人使用了不一样的方法。主对尼哥底母所用的方式跟他对撒玛利亚妇人所用的方式不一样。作为外邦人使徒的保罗，指出他愿意按照各人的文化观点跟他们互动（参见西 3:11）。

根据巴拿研究中心（Barna Research）最近的调查，外人（非基督徒）对基督徒的评价非常低，令人震惊。年轻的非基督徒压倒性（49%）地对福音派表示厌恶。巴拿研究中心的主席 和 *UnChristian: What a New Generation Really Thinks about Christianity* 的作者戴维·坚立民（David Kinnaman）认为："百分比中只有少数的非基督徒相信可以用'尊重、爱心、希望、信任'等词语来形容基督教。只有少数的非基督徒认为基督教是真诚、实在、合理，并且与他们的生命有任何关联。"②

---

① Samuel D. Rima, *Leading from the Inside Out: The Art of Self Leadership* (Grand Rapids, MI: Baker Books, 2000), 210.
② David Kinnaman, *UnChristian: What a New Generation Really Thinks about Christianity* (Grand Rapid, MI: Baker, 2007), 27.

坚立民列举出外人对基督教六个最常见的看法。他们大都认为基督徒说的是一套，做的又是另一套；基督徒的信仰和行为不一致。外人往往感觉自己好像是基督徒的"目标"。他们觉得我们只想"拯救"他们，然后便转移目标。年轻的非基督徒大致认为基督徒充满仇恨、心胸狭窄、对同性恋者缺乏爱心。他们往往认为基督徒只管集中注意力于"医治"同性恋者，并且企图以政治手段消灭他们的声音。外人大都认为基督徒为生命的复杂问题提供过于简单的答案。基督徒往往被视为与保守的右翼共和党如出一辙。大概90%的外人说"论断"一词正确地形容了今天的基督徒。只有20%的外人认为教会是一个无条件接纳和爱人的地方。[1] 牧者有属灵的分辨能力，能够辨识出目前的文化趋势怎样影响教会，是至为重要的事。

由于我们现在身处于一个地球村中，牧师、宣教士和植堂者必须作跨文化的沟通。例如，亚洲人悠久以来有"保存面子"的文化。花一点时间来明白"面子"、"保存面子"和"给人面子"到底是什么意思，会帮助我们建立一个牢固和体谅人的跨文化关系：

> 面子乃是一个人希望别人对自己的看法，他或她认为自己应该有的正面的社会价值。我们可以分辨出面子的两个方面。"积极的面子"是指一个人希望得

---

① 同上，第185页。

到别人的认同，这种期望可再分为两个方面——期望得到别人的接纳和期望得到别人的尊重。"消极的面子"是指希望能够独立自主，不受别人的控制。

当一个人的看法受到别人的挑战或忽视时，他便会感到丢脸。一般人在日常的互动中有一项自己最为关注的事，便是能与别人互相尊重和合作，互相保存面子。面子受到挑战（在发生冲突和其他不寻常的情况下）是不寻常和具威胁性的情况。这种受威胁的感受可以令冲突恶化。挽回面子的行为代表了各方试图保存或恢复面子的尝试。想要挽回面子是令人无法灵活地处理冲突的一个重要因素。

给人面子就是尊重别人的面子，并且帮助他们挽回面子或避免令他们丢脸。给人面子可区分为更正性和预防性两个方式。更正性地给人面子是在别人感到丢脸的情况下发生的，而预防性地给人面子的目的乃是为了避免对方感到丢脸。[①]

卡森在他的 *Christ and Culture Revisited* 一书中强调，我们可以基于基督教对某些方面的看法，与其他文化作一比较

[①] Joseph P. Folger, Marshall Scott Poole and Randall K. Stutman, *Working through Conflict* (New York: Longman, 2001), 182-4.

和对比。"基督教从神得到的意义和价值观，让我们以不同的目光来看每一件事情。"卡森也引用了路易斯的话："我相信基督教，正如我相信日出一样，不只是因为我看到了日出，而是因为我因此而得以看清楚其他的一切。"[1] 他问道："有什么压力催使着有思想的基督徒，思考一下我们应该怎样与我们身处的较广的文化互动，尽管我们是被分别出来的一群？我们所拥有的，假如严谨地按照圣经的标准和优先次序来实行，可以是一股巨大的行善的力量。基督与文化之间的张力既多样化又复杂，但从基督教的角度来看，这张力是源于按照神的形象被造的人类，顽固地拒绝承认他们是受造之物，拒绝依靠他们的造物主。"[2]

教会的教牧人员可以发展出事工的文化，或者适应并且成为已有文化的一部分。会众的文化可以决定牧师是否能够达到他的目标。文化认知灵敏的牧师，会先找出他们所侍奉的教会主要重视的东西，再做出合适的改变。

埃德加·史肯（Edgar H. Schein）在 *Organizational Culture and Leadership* 一书中辩论说，领导人创造和更改文化：

> 文化和领导力是同一枚硬币的正反面，因为当领
> 导者建立起组织架构和形成小组时，便是创立了文

---

[1] D.A. Carson, *Christ and Culture Revisited* (Grand Rapids, Michigan: Eerdmans, 2008), 86.
[2] 同上，第 207 页。

化。文化一旦成立,便会反过来判定对领导层的要求,因而决定谁会成为领导者。假如这文化出了问题,领导层的独特责任便是分辨出现存文化中哪些方面功能良好和哪些方面功能失调,并且引导文化的演变和改进,以致整个组织可以在不断改变的环境下生存。对领导者来说,如果他们不认识他们所处的文化,这些文化便会辖制他们。我们所有人都应该了解我们所处的文化,但对领导者而言,假如他们想有效地领导,了解他们所处的文化就是必须的。[①]

史肯的工作可以应用于牧师的领导力。牧师把教会中很多问题简单地视为"无法沟通"或"缺乏团队精神";他们应该明白,这些问题也许是来自不同文化之间的沟通障碍。[②]

组织文化可分为三个层次。第一个层次包括可见的文化产物,例如建筑物、语言、创作、传说和故事。第二个层次寻求明白组织清楚道明的"价值观点"。[③]这些价值观点体现出整体的策略、目标、理论准则和行为规范。这些组织清楚道明的"价值观点""大致上可预测大家在各种不同的情况下愿意怎样做。但他们实际上怎样做与他们在组织价值观的影

---

① Edgar H. Schein, *Organizational Culture and Leadership* (San Francisco: Jossey-Bass, 2004), 15.
② 同上,第 xii 页。
③ 同上。

响下应该怎样做却未必一致。"[1] 第三个层次分析组织的基本假设。这些潜意识的、被认为是理所当然的信念"引导团体成员的行为，并且告诉他们对事情要有怎样的体会、想法和感受。"[2] 史肯这样说：

> 文化假设围绕着一个团体与其外在环境各方的关系而发展。假如该团体要有效地运作，其最终的使命、目标、达到目标的方式、量度成功的标准、改变的策略都要求团员之间达成共识。假如形成次文化的次群体之间起了冲突，这种冲突可能会破坏整个团体的绩效。

> 另一方面，如果外在环境在改变，这种冲突可能成为团体适应改变和学到新东西的动力来源。在团体发展的初期，彼此达到共识的程度更为重要。终究而言，所有团体组织都是一个社会技术系统，其适应外在环境的方式和解决内在整合问题的方法都是相互依赖的。[3]

以下是成功地在组织中建立一个有生命力、可行文化的策

---

① 同上，第 12 页。
② 同上，第 22 页。
③ 同上，第 68 页。

略所包含的元素：

（1）应付周期（使命和策略）：包括大家对核心使命、主要任务、表明和／或潜在功能所达成的共识。

（2）目标：组织从其核心使命发展出的对其目标的共识。

（3）方法：组织对达到目标的方法，例如组织的结构、分工、奖励和权力系统也达成了共识。

（4）测量：立定清楚的指标和标准，用以量度团体达成目标的效率。

（5）更正：假如没有达到目标，组织对应该采取什么适合的补救或修改策略达成了共识。①

在团体成功地适应其外在环境的同时，也必须发展和保持成员之间的内部关系。史肯在书中这样说：

> 我们从这个分析所得出的最重要的结论，就是我们不能轻易地把文化缩减成几个主要的方面，文化乃是一个多元化和多层面的现象。终究而言，文化反映出团体一起适应和学习的努力，是整个学习过程积累下来的产物。因此，文化的功能不单为团体提供了目前的隐定性、意义和可预测性，文化也是团体以往怎样有效地做出决定的成果。这对于领导者有几方面的含义。首先，这一章所形容的外在问题，通常是领导

---

① 同上，第52页。

人最关心的事，因为他创办了这个团体，希望团体成功。即使这个团体在他成为领导前已经存在，该团体通常也会把其中一个成员放在领导的地位，使其处理对外的管理、生存和成长。

第二，领导人能否成功地管理团体的功能，往往成为评估他们的基础。假如他们创办的团体不成功，他们便被认为是失败的领导。无法处理内部的纷争或许还情有可原，但当一个领导无法执行其对外的功能时，便往往被请辞、被淘汰，或更戏剧化地被撤职……在应付周期中的每一步，还有处理团体所面对的问题，将会形成为一份有用的检查清单，让领导人衡量他们自己的表现。[①]

史肯注意到每一个团体都必须处理六个主要的内部整合问题：

（1）发展出能清楚阐明事物内涵的共同语言和类别系统。

（2）对团体的界线（成员资格）达成共识。

（3）对于如何分配影响力和权力发展出共识，以致可以抵挡和引导任何挑衅行为，并且正确地议定出正式的对策。

（4）发展出同伴关系和亲密行为的规则，适当地引导成员之间的爱和感情。

（5）对奖罚制定明确的假设，让成员可以知道他们自己的

---

① 同上，**68-69** 页。

情况。

（6）发展出一套解释，帮助成员应付不能预测和无法解释的事情。[1]

史肯这样说：

围绕着这些问题发展出来的假设（连同关于使命、目标、方法、成效检测和回调进程的假设），是一套我们可以用来研究和形容一个文化的尺度。这并不一定是我们可使用的唯一尺度，但这尺度的好处是曾被用于众多关于团体的研究，让我们对文化发展的动态开始有所了解，明白文化假设是怎样开始和演进的。这些尺度也为我们提供了一个概念架构，让我们可以把观察到的文化数据存盘。[2]

简单地说，整个进程可分为两个相互依靠的子流程。根据史肯的看法，一个团体的发展有三个阶段。第一个阶段是组织形成的阶段，形容团体的成立和早期发展。这阶段的改变形式是通过一般和特定演变的递增式的改变。这些改变可能是通过组织治疗过程中的洞悉，或从组织文化本身产生的新文化引起的。[3]

史肯解释说，在团体发展的初期，往往不能容忍异议和反对的声音。在任何新组织的发展初期，合伙人或创办人之

---

[1] 同上。
[2] 同上，第 682 页。
[3] 同上。

间意见不合的例子比比皆是。这些不同的想法引起冲突，导致一部分人离开，从而为剩下来的人留下比较同一化的环境。假如原来的创办人没有提出方案去解决令团体感到焦躁的问题，其他有能力的成员便会插手干预，新领袖便由此诞生。我们要明白的一个重点，就是团体形成通常会带来很多焦虑，这些焦虑涵盖着团体功能的多个方面，因此成员往往期望有好的领导人。假如创办人无法降低团体的焦虑，团体便会把权力交给其他的领袖。[①]

创办人往往对事情应该怎样进行有一套强有力的理论，这些理论在组织成立初期便受到考验。如果他们的假设是错误的，团体在其历史初期很快便会失败，但假如他们的假设是正确的，他们便创立了一个有力的组织，其组织文化反映出原本的假设。

牧师可以凭这样的理解，判断他们的事工是否准备就绪以应付改革，然后以麦福士博士（Aubrey Malphurs, Ph.D.）开发出来的 17 项问卷计算出他们的调查结果。

说明：

下面的每一项都是一个关键的因素，它将帮助你评估你的教会对改革是否做好了准备。为了力求客观性，在评估的过程中也可以邀请其他人（包括局外人）来参与。仔细思考每个问

---

① 同上。

题，然后圈出相应的数字，从每个问题的选择中，最准确地来评价你的教会。在回答完所有 17 个问题后，根据下面关键因素的得分来评估你的教会。

（1）带领者：假如牧师和教会的长执会（正式的带领者）对改革有热诚，并且直接负责改革,而任何非正式的带领者（有影响力的人士，如教会的元老等）也支持改革，得 5 分。假如他们只是中度地支持改革，得 3 分。假如只有下一级的带领者（其他的职员、主日学老师等等）倾向于改革，而非正式的带领者反对改革，得 1 分。

    5   3   1

（2）异象：假如牧师和长执会对一个跟目前情况不一样的、重要的未来有同一个清楚的异象，并且牧师有能力推动有关人士（其他职员、部门和会众）采取行动,得 5 分。假如牧师（但并非长执会）对教会有不同的异象，得 3 分。假如牧师和长执会都没有考虑过任何异象，和／或他们并不相信这很重要，得 1 分。

    5   3   1

（3）价值观：假如教会的事工理念（其核心价值）偏好创意和革新，并且，尽管他们不会随意地丢弃已获证实可行的形式、方法和技巧，但教会对事工效率的关注多于对传统的保留，得 5 分。假如情况只是一般，得 3 分。假如教会推行事工的形式和技巧多年来都没有什么改变，而事工效率却有所下降，得 1 分。

5 3 1

（4）动力：假如牧师和长执会对改变感到有强烈的催迫感，而会众也有同感，并且，假如会众文化强调不断改进的需要，得3分。假如牧师和／或长执会（大部分已在他们的位置很多年），还有会众都受到存在已久的传统所束缚，抗拒改变和不喜欢冒险，得1分。假如你教会的文化介于这两者之间，得2分。

3 2 1

（5）组织的大环境：大家花精力带来改变会怎样影响教会的其他活动呢（如教育、崇拜、宣教等事工）？假如负责人大家都同心协力带来改进和革新，得3分。假如只有一部分人能这样做，得2分。假如很多人反对改变，和／或为了改变而彼此发生矛盾，得1分。

3 2 1

（6）程序／功能：教会中的重大改变几乎一定会牵涉到要重新设定所有教会事工的程序和功能，例如基督徒教育、崇拜，等等。假如大部分负责人都接受这样的改变，得3分。假如只有某些人接受，得2分。假如他们大部分人都只想保护自己的地盘，或把自己的事工置于比教会整体更高的位置，得1分。

3 2 1

（7）对事工的认知：你教会的带领者对于事工和传福音方面的有效性，是否赶得上当地和其他各地福音派教会的新发展？教会有没有客观地把自己的事工与相似的教会作一比较？假如答案是有，得3分。假如答案是有时候，得2分。假如答案是没有，得1分。

3 2 1

（8）看重小区：教会是否知道和明白小区中的人、他们的需要、他们的希望和志向？教会有没有直接与他们接触？教会有没有经常想办法向他们传福音？假如答案是肯定的，得3分。假如答案是有时候，得2分。假如教会与小区缺乏联系，得1分。

3 2 1

（9）评估：教会有没有经常对它的事工作出评估？教会是否按它的异象和目标来评估它的事工？根据那些评估，教会有没有经常对事工作出调整？假如这一切都是肯定的，得3分。假如只有部分情况是肯定的，得2分。假如都没有这样做，得1分。

3 2 1

（10）奖励：假如带领者和参加侍奉的人因愿意冒险创新，为侍奉中碰到的问题寻找新的解决方法而受到奖励，事工便比较容易有改变。而且，奖励整个侍奉团队比只奖励个人的表现更为见效。假如这是你教会的特色，得3分。假如教会只有部分时候这样做，得2分。假如你的教会只想保持现状，奖励不变的情况，得1分。

3 2 1

（11）组织结构：最理想的情况是有一个灵活的教会，欢迎改变并且经常有改变。假如这是你教会的情况，得3分。有

些教会的结构非常死板，过去五年都没有什么改变，或尝试过改变却没有成功。假如这是你教会的写照，得 1 分。假如你的教会在这两个情况之间，得 2 分。

　　3　2　1

　　（12）沟通：你的教会是否有不同的途径容许双向沟通？大多数会友都明白并且有使用这些途径吗？这些信息达到了所有的会友吗？假如有，得 3 分。假如只是部分真实，得 2 分。假如双方沟通不好，只有单向、自上而下的沟通，得 1 分。

　　3　2　1

　　（13）组织层次：你的教会是否属于权力分化型（在会友和牧师或长执会之间没其他层次，或层次不多）？假如是如此，得 3 分。假如在会友和牧师或长执会之间还有不同层次的员工、执事会和部门，有妨碍重要改变的可能性，得 1 分。假如教会在这两个极端之间，得 2 分。

　　3　2　1

　　（14）以往的改变：假如教会最近曾经成功地执行了重要的改革，便更容易适应改变。假如你的教会是如此，得 3 分。假如教会最近曾经成功地执行了较不重要的改革，得 2 分。假如没有人能想起教会上次的改革是什么时候，或改革失败，大家因而感到气愤和反感，得 1 分。

　　3　2　1

　　（15）士气：教会的职员和义工是否喜欢教会，并且乐于承担起他们事工的责任？他们是否信任牧师和／或长执会？假如是，得 3 分。假如只属一般，得 2 分。是否只有少数人自愿服侍，是否有士气低落的迹象？带领者和跟随者之间、各事工之间是否缺乏信任？假如是，得 1 分。

3　2　1

（16）创新：你的教会是否愿意尝试新事物？教会中的人是否经常可以随意地执行新主意？他们在执行事工方面是否有做选择和解决问题的自由？假如以上的答案都是肯定的，得 3 分。假如只有一部分是真实的，得 2 分。假如牧师被组织制度的繁文缛节所束缚，必须先得到从"上头"来的允许才可以有任何行动，得 1 分。

3　2　1

（17）做决定：教会的带领者有没有小心聆听来自各方不同会众各式各样的建议？在教会收集了适当的资料后，是否很快便做出决定？假如是，得 3 分。假如只有部分正确，得 2 分。带领者是否只听寥寥几个人的建议，并且迟疑不决？在决定过程中是否有重大的冲突，在做出决定后，大家有没有感到困惑和不安？假如是，得 1 分。

3　2　1

你教会所得的总分数：＿＿＿＿＿＿＿＿＿＿

评估说明：假如你的分数是……

47-57：你的教会可以执行改革的机率很高，特别是当你的教会 1 至 3 项的分数很高时。

28-46：改革可能会发生，但不一定成功。1 至 3 项的分

数越高，成功的机率就越大。注意哪些方面分数较低，集中改进，然后再尝试进行大规模的改革。

17-27：改革不太可能发生。注意哪些方面分数较低，如果可能的话，尝试加以改进。考虑成立一个新的教会，在一个不抗拒改革的环境下执行你的想法。

当牧师了解到文化差异后，便可以花一点时间回想他们成长中的家庭、社会和教会文化，同时对他们目前所处小区的事工和文化加以分析。在牧师清楚地明白神在他们生命中这个阶段的旨意后，在他们尝试改革文化以前，若能习惯性地按照圣经的标准辨别当前所处的文化，会使牧师的思想更加敏锐，并且使他或她对文化有更深入地了解。

附录 调查问卷

该问卷是为那些正处于因服侍而疲软的牧者或执事设计的，从 0 分到 6 分，可以衡量他们身心耗竭的频率和程度（0=从来没有；1= 每年几次；2= 每月一次；3= 每月几次；4= 每周一次；5= 每周几次；6= 每天）。

灵性枯竭度

1. 我感到侍奉使我的灵性枯竭。
2. 我研读圣经的时间不足。
3. 我祷告和默想的时间不足。
4. 我亲近神的时间不足。
5. 我不得不减少单独亲近神的时间。
6. 我忽略了自己的灵命成长。
7. 我变得爱抱怨，侍奉也没有喜乐。
8. 我侍奉神是出于雄心，并非爱神。
9. 我似乎无力抵挡罪的诱惑。

休息不足

1. 我把自己的呼召看为全时间的侍奉，每周七天，每天 24 小时。
2. 别人把我的呼召看为全时间的侍奉，每周七天，每天 24 小时

3. 我通常不会去关心自己。

4. 我经常超负荷工作。

5. 闲暇的时间对我来说没有意义。

6. 我担心忙碌时会遇到困难。

7. 我不知道该如何放松。

不能胜任

1. 我认为自己能力不足，无力履行（委派给我的）侍奉的职责。

2. 面对各种需求和挑战，我觉得自己无法胜任。

3. 我感到很难承担起自己的责任。

4. 我达不到侍奉职位的要求。

5. 我不适应目前所在的侍奉团队。

6. 对于我所侍奉的人，我满足不了他们的需要。

缺少倾诉对象

1. 没有亲密的肢体支持我。

2. 建立真正的友谊对我来说很难。

3. 我在所服侍的人中感到孤独。

4. 我与所服侍的人有疏离感。

5. 与别人交往时，我会掩饰内心真实的感受。

6. 我在侍奉中不会表露真正的自我。

7. 与人谈论私人问题对我来说很难。

8. 我没有朋友。

9. 我没时间交朋友。

10. 我觉得自己与他人很疏远。

11. 我服侍只是为了维持一个职分，而非蒙召去服侍。

解决冲突

1. 我至少有过一次与同工的激烈冲突。

2. 我不知道如何来增进与同工之间的关系。

3. 我通常不愿意去解决冲突。

4. 我不容易理解别人的感受，也不知道如何利用情感来改变和别人的关系。

5. 我不知道该如何处理冲突。

6. 我不知道该如何控制自己的脾气。

文化冲突

1. 我正在面对各种不同的文化。

2. 我接受侍奉的呼召，但没意识到自己以前接触过这些不同的文化价值观。

3. 我所侍奉的人，他们的家庭背景和文化与我的不同。

4. 我所经历的多元文化在很多方面都有冲突。

5. 侍奉中的一些文化因素与我的文化背景有严重的冲突。

6. 在我的侍奉中，次文化群体之间并不互相配合。

7. 在我的侍奉中，人们经常有不切实际的期待。

如果你在一个或多个方面平均分在 4 以上，就说明你已经身心耗竭了。不过别担心，我设计这个问卷时就一直在为你祷告，请你听从我的建议：为主燃烧，但不要烧成灰烬。